Friedrich Naumann
Briefe über Religion
Glaube im Kontext von Welt und Wissenschaft

SEVERUS Verlag

Naumann, Friedrich: Briefe über Religion. Glaube im Kontext von Welt und Wissenschaft.
2019
Neuauflage der Ausgabe von 1917
ISBN: 978-3-96345-182-9

Umschlaggestaltung: Annelie Lamers, SEVERUS Verlag
Umschlagmotiv: www.pixabay.com

Bibliografische Information der Deutschen Nationalbibliothek: Die Deutsche Nationalbibliothek verzeichnet diese Publikation in der Deutschen Nationalbibliografie; detaillierte bibliografische Daten sind im Internet über https://dnb.de abrufbar.

Der SEVERUS Verlag ist ein Imprint der Bedey & Thoms Media GmbH,
Hermannstal 119k, 22119 Hamburg

SEVERUS Verlag, 2019
http://www.severus-verlag.de
Gedruckt in Deutschland

Friedrich Naumann

Briefe über Religion
Glaube im Kontext von Welt und Wissenschaft

Inhalt

Vorwort zur ersten Auflage 3

Vorwort zur dritten Auflage 5

Vorwort zur sechsten Auflage 7

Briefe 9

Nach 13 Jahren 91

Vorwort zur ersten Auflage

Einzelnes in den nachfolgenden Briefen über Religion wird nur denen ganz verständlich sein, die sie als Nachwort zur Sammlung meiner Andachten lesen, aber das meiste ist unabhängig von früheren schriftstellerischen Arbeiten und wendet sich an Leser, die Religionsfragen nicht in fertigen und herkömmlichen Bahnen zu erwägen bereit sind. Ich wiederhole an dieser Stelle, was ich früher schon einmal in einem anderen Vorwort gesagt habe: Wer eine unerschütterte kirchliche Auffassung des Christentums hat und behalten will, für den hat es gar keinen Zweck, sich mit diesen Blättern zu beschäftigen. Für solche Leute gibt es religiöse Schriftsteller genug und das einzige, was ich von ihnen erbitte, ist das Zugeständnis, dass es erlaubt ist, auch uns andere als gottsuchende Seelen anzusehen. Ich bin, wie die folgenden Briefe beweisen, sehr davon durchdrungen, dass man Gott auf verschiedene Weise dienen kann, ja dienen muss. Ein solcher Dienst ist es, anderen möglichst einfach und offen zu sagen, was und wie man selber glaubt. Je weniger Missionstendenz solche Aussprache hat, desto lieber wird sie denjenigen Lesern werden können, die gar nicht bearbeitet zu werden wünschen, sondern die vom Verfasser nur wissen wollen, wie sich die religiösen Lebensprobleme in seinem Bewusstsein gestalten. Diese Art Leser, die nicht einen Priester sucht, sondern einen Bruder und Mitstreiter im Kampf um die Weltanschauung, sie ist es, die ich grüße.

Berlin, 5. Juli 1903. Fr. Naumann.

Vorwort zur dritten Auflage

Die »Briefe über Religion« sind im ersten Jahr ihres Daseins viel gelesen worden. Wenn ich mich mit allen Besprechungen, die sie gefunden haben, auseinandersetzen sollte so müsste ich ein neues Buch schreiben, das aber kann und will ich jetzt nicht. Ich danke allen denen, die sie (teilweise mehr als sachlich richtig ist) gelobt haben, bin aber auch allen denen, die, wie Liz. Otto und Dr. Dennert, ernsthafte Kritik ausgesprochen haben, durchaus dafür verbunden, denn nichts liegt mir ferner, als in diesen einfachen persönlichen Bekenntnissen etwas methodisch oder sachlich Unanfechtbares geboten zu haben. Erst hatte ich vor, in diese neue Ausgabe der Briefe einiges von dem hineinzuarbeiten, was ich als Antwort auf Einwendungen zu sagen habe, aber es zeigte sich, dass jeder Versuch, auf theologische oder philosophische Debatte einzugehen, den Charakter dieser Briefe verändern würde. Sie wollen ja keine wissenschaftliche Streitschrift bieten, sondern eine einfache menschliche Aussage darüber, was ich persönlich glaube. Das aber hat sich durch die etwaigen Angriffe nicht geändert. Ich lasse also Auseinandersetzungen über wissenschaftliche Dinge hier aus dem Spiel und hebe sie für späteres Leben auf. Einen Brief nur habe ich zugefügt (den 24.), nicht, als ob er etwas durchaus Neues gäbe, sondern nur, weil ich hoffe, einigen Lesern einen für sie schwierigen Gedankengang auf diese Weise zu erleichtern. Dass die in der Sache selbst liegenden Schwierigkeiten auch durch die beste Darstellung nicht beseitigt werden können, brauche ich dabei nicht von neuem zu sagen, denn das ist einer der Grundgedanken meiner ganzen Arbeit. Ich will den Lesern kein spiegelglattes, problemloses Christentum vortragen, weil es das meines Erachtens nicht gibt. Auch das Christentum der Apostel war nicht übersichtlich wie ein schulgerechter Bauplan. Es war menschlich, das heißt in sich selbst verwickelt, denn alles menschliche Bewusstsein, auch das religiöse, besteht aus hellen und dunklen Stellen und gleicht einem Felde, auf dem Pflanzen aus verschiedenen geologischen Perioden sich an gemeinsames Leben gewöhnt haben. Ein Mann wie Paulus würde der Theologie von Jahrhunderten nicht so viel Arbeit gemacht haben, wenn er weniger menschlich in diesem Sinne gewesen wäre. Und wenn wir uns fragen, weshalb die Religion des Aufklärungszeitalters so wenig Dauerhaftigkeit besessen hat, so ist einer der Hauptgründe sicher dieser, dass man den Menschen vorreden wollte, alles sei einfach, klar und harmonisch, während sie empfanden, dass es Zwiespältigkeiten gibt, die kein Pfarrer hinwegpredigen kann. Das Christentum ist in unser Leben hineingekommen, aber das Leben selber war schon vor ihm da. Erst aus beiden zusammen entsteht der einzelne Christ. Von diesem in aller seiner Wirklichkeit habe ich zu reden gesucht und nicht von einem Christentum an sich, das ohne Hemmnisse im luftleeren Raume sich entfaltet. Über dieses ist schon genug geredet worden. Besondere Freude aber darf ich schließlich darüber aussprechen, dass sich im Suchen nach einem Ausdruck für das Christenleben inmitten der modernen Geistes- und Arbeitsverhältnisse auch solche freundschaftlich nähern können, die der politische Kampf, der mein Beruf ist, in verschiedene Lager trennt.

Berlin, 8. Oktober 1904. Fr. Naumann.

Vorwort zur sechsten Auflage

Alles, was ich sachlich zu den »Briefen über Religion« zu sagen habe, steht im Nachwort »Nach dreizehn Jahren«. Es ist mir eine Freude, dass meine kleine, aber mit viel innerer Beteiligung geschriebene Arbeit noch immer neue Freunde erwirbt.

Berlin, Mai 1916. Fr. Naumann.

1.

Verehrter Freund! Nachdem meine im Lauf von acht Jahren für die »Hilfe« geschriebenen Andachten bei Vandenhoeck und Ruprecht in Göttingen unter dem Titel »Gotteshilfe« als Buch erschienen sind (611 Seiten, geb. 6 Mk.), haben Sie und andere Leute mir Briefe geschrieben, die sich mit meiner Stellung zur Religion grundsätzlich befassen. Solche Briefe haben für mich sehr ihre zwei Seiten. Wie Sie wissen, bin ich nicht mehr Pastor. Ich habe eine sehr reichliche andersgeartete Arbeit und bin nicht imstande, die theologische und philosophische Literatur ganz genau zu verfolgen. Die einzelnen Andachten schrieb ich als Bekenntnisse eines einfachen Christenglaubens mitten aus der anderen Arbeit heraus und würde schon längst aufgehört haben, sie zu schreiben, wenn ich nicht selbst für immer durch hundert Bande mit dem Glauben meiner Väter verbunden wäre, und wenn ich nicht wüsste, dass es viele Leser gibt, denen ich auch mit diesen kurzen Wochenbetrachtungen einen gewissen Dienst getan habe. Ich habe aber nie daran gedacht, damit eine »Weltanschauung« oder ein »System« bieten zu wollen. Das aber ist es, was Sie und andere suchen. Sie verlangen von mir zu wissen, wie sich das Christentum als Ganzes zur modernen Weltanschauung verhält und sagen: »wer einen solchen Band Andachten veröffentlicht, der muss eine einheitliche Vorstellung über alle Seiten des Menschenlebens haben«. Vielleicht haben Sie auch darin nicht ganz unrecht, nur beruht die Einheitlichkeit in etwas anderem als in einigen allgemeinen Lehrsätzen, aus denen sich dann alles andere ableiten lässt. Solche Lehrsätze habe ich nicht, suche ich nicht, werde Ich niemals finden. Andere stehen darin anders, aber Sie wollen ja nicht hören, was andere, systematisch angelegte Köpfe über Christentum und Weltanschauung sagen, sondern Sie verlangen ganz persönlich von mir, dass ich Ihnen Weltanschauungsbekenntnisse ablege. Erst mochte ich nicht recht an diese mir von Ihnen gestellte Aufgabe heran, schon aus Furcht vor den klugen berufsmäßigen Theologen und Philosophen. Dann aber kam ich doch schwer über Ihren Satz hinweg:

>*Es gibt nicht wenige Leser Ihrer Andachten, die es bei aller Freundschaft nicht recht verstehen, wie Sie gleichzeitig Christ, Darwinist und Flottenschwärmer sein können*«.

In diesem Satze liegt so viel Wahrheit, dass ich mich Ihrem Willen füge. Ich versuche zu sagen, wie ich mir selbst dieses Nebeneinander zurechtlege, das ich in mir, aber keineswegs in mir allein, vorfinde. Gelingt es aber nicht, das Nebeneinander verständlich zu machen, so ist damit, wie ich von vornherein sage, am Tatbestande nichts geändert, denn jeder Kopf enthält vielerlei in sich, was gleichzeitig wächst und schafft. Bei allen großen Denkern der Vergangenheit stellen wir fest, dass ihr Geist aus verschiedenen Elementen besteht, und mehr noch als bei den Denkern ist dies bei den Männern praktischer Arbeit der Fall. Keine inhaltsreiche Seele ist so klar wie eine geometrische Konstruktion und alle diejenigen, die wir verehren, waren in sich selbst zusammengesetzte Größen. Weshalb also sollen wir, die wir nach ihnen kommen und zu ihren Füßen sitzen, uns dem Zwang einer Schablone unterwerfen, die uns nötigt, unser ganzes geistiges Wesen »aus einem Prinzip zu erklären«? Ein geschriebenes System soll in diesem Sinn einheitlich sein, ein lebendiger Mensch aber hat mehr Spielraum, er hat in sich selbst verschiedene Ströme und darf mit C. F. Meyer von sich sagen: »Ich bin kein glatt geschrieben Buch, ich bin ein Mensch mit seinem Widerspruch«. Sehen Sie, wie in Karl Marx, den Sie und ich schätzen, eine ruhige beobachtende Philosophie und ein revolutionäres Drängen ineinander gewirkt sind! Sehen Sie, wie Bismarck liberale und reaktionäre Elemente in sich vereinigte! Sehen Sie, wie Goethe »dezidierter Nichtchrist« und doch Bibelverehrer war! Überall besteht das wirkliche Leben aus Mischungen. Die Frage ist nur, ob eine bestimmte Mischung in ihrer Zeit richtig und nötig war. Das letztere ist die Hauptsache: nötig war! Alle Willkürlichkeiten sind vom Übel, haben keinen Bestand und bringen keinen Segen. Das, was die verschiedenen Elemente eint, ist der Zwang, der hinter dem einzelnen Menschen steht, der gewaltige Zwang, der aus Gottes Hand kommt und in uns dieses oder das schafft. Dieser Zwang wird nur aus der Geschichte heraus verstanden. Es ist die Vergangenheit, der wir Lebenden niemals entrinnen. Die Vergangenheit gibt uns das Teil und die Art Religion, die gerade wir an unserer Stelle in unserem kurzen Leben haben und bekommen mussten. Von dem Vergangenheitserbe lassen Sie uns also zunächst weiter reden. Das mag Ihnen etwas weit hergeholt erscheinen, aber das hilft nichts. Ich soll vor Ihnen Farbe bekennen; meine Farbe ist aber hier wie sonst die Farbe geschichtlichen Denkens. Haben Sie also etwas Geduld, wenn ich in zwei oder drei Briefen einen Unterbau für unsere Erörterung zu bauen suche!

Herzlichen Gruß und Segenswunsch zum neuen Jahr!
Ihr Naumann.

2.

…Ich versprach Ihnen, über die Notwendigkeit der Religion zu reden. Sie sagen, das habe man schon oft getan, ohne damit die Menschen religiös zu machen. Ganz gewiss: Ich denke auch gar nicht daran, jemanden durch irgendwelche Gedankenoperationen bekehren zu wollen. Wer es ohne Religion aushält, der wird das, was ich sagen will, gerade so gut mitdenken können wie der, der viel Religion für sich braucht. Ja, in gewissem Sinne wird mir der glaubenslose Mensch bei den Anfangsausführungen am besten zuhören, weil er allein die Probe gemacht hat, wie schwer es ist, innerhalb der heutigen menschlichen Gesellschaft sich vom Christentum freizuhalten.

Stellen Sie sich einen Vegetarier vor, der allen Fleischgenuss grundsätzlich verwirft und doch durch seinen Beruf genötigt ist, in Gasthäusern mit Fleischkost zu leben. Er erst wird wissen, wie sehr unsere ganze Kultur mit dem Fleischgenuss verwachsen ist. Wir anderen merken es nicht. Oder stellen Sie sich einen Anti-Alkoholisten inmitten trinkenden Volkes vor! So etwa lebt ein Religions-Abstinent unter uns. Überall sieht er die Religion, die er für sich verleugnet: Kirchen, Kreuze, Glocken, Bilder, Musik, Feste, Namen, Kindersprüche, Dichtungen, Philosophien; was er nur sieht und angreift, hat irgendetwas von religiösem Beisatz. Oft ist dieser Beisatz verhältnismäßig gering, aber wer einmal Augen und Ohren für das Fortleben der Religion in unserer Kultur bekommen hat, der erst sieht, was für eine alte Macht ihm gegenübersteht Die Oberflächlichen glauben sich über die Religion erhoben zu haben, wenn sie nicht mehr in die Kirche gehen und die Bibel nicht mehr lesen. Dabei aber stecken sie meist bis über die Ohren in allgemeinen Gedanken von Menschenliebe oder Fortschritt, die es auf dem Boden einer grundsätzlich religionsfreien Auffassung kaum geben dürfte. Nichts ist für den Tieferblickenden spaßhafter als die Freiheitstänze derer, die nur die Worte gewechselt haben und nicht die Gedanken.

Ist es nicht auffällig, dass unsere Künstler immer wieder zur Religion gelangen? Sie sind gewiss nicht von Haus aus darauf versessen, fromm zu sein. Ihr inneres Suchen geht nur darauf, einzelne starke Empfindungsmomente musikalisch oder malerisch festzuhalten. Woher ihnen die starken Momente kommen, ist ihnen zunächst gleichgültig; aber je tiefer sie in den Seelen graben, desto dringlicher schieben sich die Eindrücke des Christentums in ihr suchendes Bewusstsein. Sie gehen um Jesus herum, wollen ihn oft gern vermeiden und können doch seine Augen nicht vergessen. Uhde, Klinger, Thoma sind nur Beispiele für diesen allgemeinen Zug. Die bloße Naturbetrachtung genügt nicht, man braucht etwas, was noch fester fasst als Sonnenglitzern und Meeresrauschen, man will eine seelische Flutwelle spüren –Religion!

Und unsere Denker? Sie kommen nicht los von der Frage, was das arme, einzelne menschliche Ich eigentlich ist. Dieses ist nur eine Zelle im ganzen Körper des Menschenvolkes. Das Gemeinschaftsempfinden des ganzen Körpers ist es allein, was die einzelne Seele frisch und tatkräftig erhält. Dieses Gemeinschaftsgefühl aber hat keine andere Sprache als die Sprache der alten tausendjährigen Kulturgemeinschaft, die mit den Gemeinschaftsgedanken des Christentums gesättigt ist.

Gerade wenn man, wie Sie und ich, auf dem Boden der Entwicklungslehre steht, die auf dem Naturgebiet jetzt bei uns Darwinismus heißt, muss man den fortwirkenden Zwang alter, viele Generationen beherrschender Gedanken für etwas Starkes und Wirkliches halten. Der Grundgedanke aller Entwicklungslehre heißt: Die vergangenen Formen ändern sich beständig, aber es gibt nie einen völlig neuen Anfang, sondern alles Neue wächst aus dem Alten heraus. Alles Neue ist ein langsam wachsendes Kind der gewordenen Dinge. Auch alle neuen geistigen Strömungen sind natürliches Gewächs. Man kann keine neue Art Weltanschauung unvermittelt anfangen, so wenig als man plötzlich eine neue Sprache anfangen kann oder eine neue Art des Wirtschaftsbetriebes. Die Seelen der Väter sind nichts völlig Verlierbares, und gerade dann, wenn wir in der Tiefe bewegt werden, wird das emporgeschüttelt, was seit Jahrhunderten in uns liegt. Das kann zeitweise als Last empfunden, das kann als Verhängnis und Bann angesehen werden, aber die Tatsache selbst ist es, die wir feststellen

13

wollen: wir sind als Gesamtheit eine von christlichem Geiste durch-
wirkte Gesellschaft und können nach naturgesetzlicher Betrachtungsweise nichts anderes sein Es geht nicht. Das ist der Untergrund alles
unseres heutigen Suchens.

In alter Treue
Ihr N.

3.

Lieber Freund! Waren Sie in Paris? Ich glaube, dass Sie dort gewesen sind. Dann haben Sie auch die neue Kirche zum Herzen Jesu auf dem Montmartre gesehen. Diese Kirche ist das Denkmal des Sieges des Katholizismus über das alte revolutionäre Paris. Paris als Ganzes hat aufgehört, eine Stadt der »Freidenker« zu sein. Der Katholizismus, der sich da auf dem Montmartre ausbreitet, ist Ihnen und mir innerlich fremd, aber das ändert nichts an der Feststellung, dass hier ein Sieg der alten in Frankreich volkstümlichen Religionsform vorliegt. Alle Kämpfe um das Recht der Priester, die jetzt Frankreich bewegen, zeigen nur, dass mehr als hundert Jahre nach Voltaire die Kirche nicht vernichtet ist. Und dieses feine, graziöse, aber innerlich matte Volk wird nach aller Menschenerfahrung nie wieder imstande sein, seine Priester abzuschütteln. Je matter es weltgeschichtlich wird, desto mehr steigt die Bevormundungsgewalt des alten Glaubens. Endlich wird Frankreich das sein, was heute Spanien ist, ein Ackerfeld für Vertreter einer veralteten Religionsform.

Und Amerika? Dort, wohin die kräftigsten Elemente aller europäischen Nationen sich zusammengefunden haben, wo die Trennung von Staat und Kirche besser und reinlicher vollzogen ist als irgendwo in Europa, dort ist die Religion nach allen Zeugnissen von Freund und Feind nicht im Verschwinden. Chicago ist eine Stadt der Kirchen und Kapellen, wie es nur je ein mittelalterlicher Ort gewesen ist. Auch wer über die weite See fährt, behält den Hintergrund der Vergangenheit. Alle moderne Technik tötet den Atavismus nicht, das unbezwingliche Sehnen schwacher Einzelwesen nach der inneren Stärke der Vorfahren. Immer gibt es in allen diesen Ländern einzelne, die sich allem Druck des Ahnentums entwinden wollen aber gerade Ihre Vertrautheit mit naturgeschichtlichen Beobachtungen sagt Ihnen von vornherein, wie wenig weit meist der Sprung ist, den ein Kind von der Klippe

15

hinweg tun kann, auf der die Sippschaft seiner Eltern ihre Heimat hat. Wir freuen uns der kühnen Versuche Und würden ihr Fehlen als Mangel an Lebenskraft beklagen, nur sind wir gewöhnt, über den Erfolg solcher Unternehmungen mit Vorsicht zu urteilen.

Das, was wir am Christentum bewundern, ist seine fast unbegrenzte Anpassungsfähigkeit. Lassen Sie uns einmal im Geiste wandern: Orientalisches Christentum, römisches Christentum, russisches Christentum, englisches Christentum! Es gibt Christentumsformen für die Bewohner Siziliens und für die norwegischen Bauern, für rückständigste Menschensorten und für modernste Empfindungsmenschen, für Agrargebiete und für Industriegebiete. Das Christentum wusste sich allen Veränderungen unserer sozialen und staatlichen Organisation anzuschmiegen. Glauben Sie, dass es diese fabelhafte Fähigkeit jetzt schon völlig verloren hat? So unendlich, wie die Verwendungen des Phosphors im Leben der Pflanzen, Tiere und Menschen, so unendlich sind die Verwendungen der christlichen Gedanken in der geistigen Geschichte aller vom Römerreich herstammenden Kulturen. Nachdem es einmal vor 1800 Jahren in der damaligen geschichtlichen Temperatur (als die Zeit erfüllet war) entstanden ist, hat das Christentum alle vorherigen Religionsarten erdrückt und in sich aufgesogen. Die Götter Griechenlands und die Gottheiten der alten Germanen, die Glaubensformen der Slawen und der Kelten sind von ihm beseitigt worden. Diese alten Religionen haben heute nur noch den Wert ausgestorbener Arten. Das Christentum war im Kampf ums Dasein stärker als sie alle. Es brachte selbst die gewaltig aufschießende Nebenart des Muhammedanismus zum Stillstand. Jetzt wird ihm keine andere Religion des europäischen Kulturgebietes mehr gefährlich. Das Judentum hat sich neben ihm erhalten können, aber die sieghafte Form war das jüngere Kind der altisraelitischen Religion, das Christentum. Sagen Sie selbst, ob es nun eine andere Art der Weiterentwicklung geben kann als eine fortschreitende Artenscheidung innerhalb des Christentums? In dieser Artenscheidung sind wir mitten drin. Sie ist eigentlich der ganze Inhalt der bisherigen Geschichte der christlichen Religion. Fast alle Kämpfe, die wir als Kämpfe um das Wesen des Christentums bezeichnen, lassen sich ebenso gut oder besser als Scheidungen verschiedener Unterarten desselben begreifen.

Dass die Artenbildung innerhalb einer sieghaften Gattung nicht aufhört, ist ja doch auch Ihr Darwinistisches Bekenntnis? Nicht wahr, Sie geben zu, dass es wenigstens möglich ist, auch das Christentum nach Ihrem Schema anzusehen? Mehr aber will ich bis jetzt gar nicht bei Ihnen erreichen.

4.

Wie entsteht eine neue Gattung natürlicher Wesen?

Ich weiß nicht alles, was zu dieser Frage gehört, aber so viel ist mir klar, dass der Abtrennungsprozess sich vorbereitet haben muss, dass er durch besonders entwickelte Einzelexemplare gefördert wird, dass er nicht ohne Kampf verläuft und dass die neue Art, wenn sie einmal entstanden ist, zwar untergehen, aber nicht wieder in ihre alte Art zurückkehren kann. Bitte, wenden Sie das auf Entstehung und Anfangsgeschichte des Christentums an! Die Vorbereitungen innerhalb der alten Religionsart nennen wir Prophetie, das Heraustreten aus derselben heißt Offenbarung oder Erlösung, die Ablösung erfolgte ganz perlich durch Jesus Christus, der Kampf des Neuen mit dem Alten ist der Inhalt des Urchristentums. Natürlich weiß ich, dass ich hier die Worte Offenbarung und Erlösung anders verwende, als es im kirchlichen Sprachgebrauch geschieht, halte aber dafür, dass religionsgeschichtlich angesehen die von mir angenommene Verwendung richtig ist. Das ganze alte Christentum sah in seiner Offenbarung eine Überbietung und Überwindung der älteren mosaischen Offenbarung und in seiner Erlösung eine Loslösung vom Heilsweg des Judentums. Das Gefühl der Abtrennung war damals stark und verband sich mit allen grundlegenden Begriffen der neuen Religion. Das, was man erlebte, war geistige Neubildung auf Grundlage alter Vorentwicklung. Den Begriff der Neubildung fasste am reinsten der Apostel Paulus. Er vollzog den Trennungsschnitt zwischen Judentum und Christentum.

Das neue Wesen Christentum begann nun sich zu entwickeln, das heißt, es nahm neue Stoffe auf, schuf sich neue Organe, übernahm Gewohnheiten früherer Religionen, grenzte sich nach den verschiedensten Seiten hin ab, veränderte sich beständig und ergoss sich über die Länder. Ich brauche Ihnen seine Geschichte nicht zu erzählen, muss aber eine Möglichkeit mit Ihnen besprechen, nämlich die Frage:

kann sich nicht ebenso vom Christentum eine neue Religion abtrennen, wie sich einst das Christentum vom Judentum abgetrennt hat? Der Gedanke der neuen Religion ist in einer ganzen Anzahl von Köpfen, auch genügt ja schließlich irgendeine Ecke der Erdenwelt, um das Neue hervorzubringen. Ist es dann da, so mag es sehen, wie es sich durchkämpft!

Diese Art der Fragestellung beleuchtet unsere gegenwärtige religiöse Lage. In den wissenschaftlich geförderten Teilen des protestantischen Christentums ist das Gefühl der Entfernung vom allgemeinen Christentum teilweise sehr stark geworden. Man hat nicht mehr die innere Neigung, sich mit der langen Tradition der europäischen Religion zu belasten. Man sieht den Papst, den Zaren, den Dr. Luther und Calvin im Grunde als zusammengehörig an und fühlt sich von der ganzen Weltanschauung des gewordenen Christentums weit entfernt. Alle alten Begriffe verlieren in diesen Kreisen ihren alten Sinn, ja sie verlieren teilweise überhaupt jeden greifbaren Sinn: Schöpfung wandelt sich in Werden, Sündenfall wandelt sich In Naturzustand, Gott wird Weltgeist, Vorsehung, Weltkraft, Weltziel oder irgendetwas Ähnliches, Seele wird Bewusstsein, Himmel wird zum unbestimmten und farblosen Jenseits, Auferstehung wird im besten Fall zum Fortleben, Reich Gottes wird zur sittlichen Kulturentwicklung, Gebet wird zur innerlichen Besinnung, Sakramente werden zu symbolischen Handlungen. Jeder von uns hat diese Entleerung und Verschiebung der alten Begriffe irgendwieweit mit durchlebt. Aber wir wollen uns zunächst über eins nicht täuschen: im Verhältnis zur Gesamtzahl der Christen ist die Zahl derer, die diese Erweichung der alten Gedankenbestände durchlebt haben, noch immer nicht allzu groß, und was wichtiger ist: in der Abschwächung an sich wohnt keine Werbekraft! Werbekraft tritt erst ein, wenn zu den abgeschwächten Gedanken neue, feste Anschauungen treten, neue Offenbarungen. Erst diese wirken religionsbildend. Von ihnen aber merken wir noch nichts. Deshalb sind noch immer die alten harten, schweren Begriffe stärker als alle ihre Verdünnungen, und deshalb ist es meines Erachtens völlig falsch, sich ernstlich mit dem Gedanken neuer Religionsabtrennung zu tragen. Wir sind an das Alte gebunden, weil wir keinen Ersatz dafür haben. Nennen Sie das Resignation! Ich lasse mir das Wort gefallen. Auch ich fühle, dass wir keine schöpferische Zeit in der Religion erleben. Wir haben viele religiöse Interessen, viel Empfinden für das, was es uns sein könnte, wenn eine neue Flut uns tragen würde, aber schließlich muss man sich mit dem zu verständigen wissen, was da ist. Ganz allgemeine himmelblaue Phantasien über das, was etwa neue Religion sein könnte, vermögen die inneren Bedürfnisse nicht zu befriedigen. Es bleibt uns nichts anderes übrig, als mit dem unleugbaren Gefühl der Entfernung von dem alten Begriffsbestande doch aus dem Schatze alten Goldes so viel zu verwerten, als es innerhalb des Stiles unserer Zeit und unserer sonstigen Weltanschauung überhaupt möglich ist. Das wenigstens ist es, was ich für mich gesucht habe und was sich, wie ich denke, in meinen Andachten ausgesprochen hat. Von da aus hoffe ich, mit Ihnen über Ihre besonderen Fragen weiter reden zu können.

5.

Der Unterschied zwischen Weiterentwicklung und Abtrennung ist folgender. Die Abtrennung geschieht nach der Formel, die Jesus dem Moses gegenüber anwandte: »Moses hat euch gesagt, ich aber sage euch!«Die Weiterentwicklung geht nach der Formel: »Wehe denen, die auf Mosis Stuhle sitzen!« Mit anderen Worten: eine Abtrennung muss sich grundsätzlich von Jesus abtrennen, wie es beispielsweise der Philosoph Nietzsche getan hat, eine Weiterentwicklung aber bekämpft nicht die Urperson des Christentums, sondern nur seine verirrten und verwilderten Nachfolger. Für oder gegen Jesus, das ist der Scheidepunkt, an dem man selbst erkennen kann, ob man sich noch mit eigenen Willen und Wissen zum Christentum rechnen kann. Alles andere ist Nebenfrage, so wichtig es sein mag. Die Art des Gottesbegriffes, der Stellung zu Wundern, Engeln, Himmelshoffnungen ist nicht das, was uns im Kern sagt, ob wir Christen sind oder nicht. Die Grundfrage lautet: ist für mich Jesus eine überwundene Persönlichkeit? Wenn sie es ist, dann kann ich sagen, ich sei jenseits des Bannkreises von Galiläa, nur dann kann ich es sagen. Sie wissen, mein Freund, dass ich weit entfernt bin, so zu denken. Jesus steht noch groß und klar über aller unserer Geisteskultur, er ist nicht unter die orientalischen Altertümer geraten. An ihn knüpfen wir an, wenn wir christliche Religion für uns suchen. Damit mögen wir in der Weite der christlichen Kirchen in gewisser Art ziemlich allein stehen, denn wir suchen ja nicht den Jesus, der auf den Altären gezeigt wird, aber das eine lassen wir uns nicht nehmen: der Zusammenhang mit Jesus garantiert die Zugehörigkeit zur christlichen Gesamtreligion, und zwar ist innerhalb des Gesamtgebietes des Christentums unsere Form noch gerade so berechtigt als jede andere der lebenden Christentumsformen.

Ich bitte bei diesem Punkt etwas persönlich sprechen zu dürfen. Sie haben selbst in Ihrem ersten Briefe an mich daraus hingewiesen, dass es schwer sei, meine theologische Lehrmeinung festzustellen, da ich im Laufe der Jahre von einer festeren zu einer lockeren Erfassung der christlichen Dogmen mich entwickelt habe. Ihre Beobachtung selbst ist natürlich ganz richtig. Ich komme aus strengkirchlicher Erziehung, habe in Leipzig und Erlangen studiert und bin in der inneren Mission tätig gewesen; ich brachte alle Kirchenlehre mit ins Leben, zwar nicht ungebrochen, denn ich hatte ernsthaft studiert, aber doch im Großen und Ganzen als fertigen Bestand. Dieser Bestand an Lehre hat bei weiterer persönlicher Erfahrung und Prüfung nicht standgehalten, aber die Person im Mittelpunkt hat standgehalten. In der Stellung zu ihr liegt die Einheit der Religion zunächst meines eigenen geringen Lebens. Ist es ein Wunder, wenn ich von mir auf andere schließe und den Gang der religiösen Entwicklung etwas nach dem Selbsterlebten beurteile? Es scheint, dass die Geschichte im Großen in derselben Richtung geht: Jesusreligion mit Resten des altkirchlichen Lehrsystems. Das Wachsende in dieser Zusammensetzung ist die Jesusreligion, das Abnehmende ist der kirchliche Gedankenvorrat. Gerade weil Sie mit mir zusammen den Vergleich naturgeschichtlicher und religiöser Vorgänge bisher gemacht haben, werden Sie es nicht als unmöglich ansehen, dass wir uns selbst als Elemente mitten im Fluss der Dinge begreifen. Unsere Denkweise ist nicht das Ende der Entwicklung, aber sie ist eine für uns nötige. Wer aber kann überhaupt mehr von sich und seinem Innenleben sagen?

Nie ist der Lebendige fertig, nur die Toten sind fertig. Als Lebendige gehen wir der Person Jesu nach. Es ist schwer, sie zu fassen. Ich habe es mir früher leichter gedacht. Man muss unterscheiden zwischen dem Jesus, wie er geglaubt wird, und dem Jesus, wie er war. Auch noch im Neuen Testament ist der Unterschied zwischen dem Jesus, der geglaubt ward, und dem wirklichen Jesus zu machen. Das sind keine Spitzfindigkeiten, sondern Mühen, hinter deren Pein möglicherweise reicher Gewinn liegt, aber freilich Mühen, die sich wesentlich in den Studierstuben der Theologen vollziehen. Wir anderen (Sie wissen, dass ich mich zu den anderen jetzt rechne), wir anderen können nur abwarten, was die Facharbeit hier weiter leisten wird. Das aber soll uns nicht niederdrücken. Auch auf allen anderen Gebieten des geistigen Lebens sind wir ausnahmslos von der wegebahnenden

Arbeit der Facharbeiter abhängig. Man vergesse auch nicht, dass Paulus, Origines, Augustin, Anselm, Luther, Calvin, Francke, Schleiermacher Theologen gewesen sind! Nie ist der Fortschritt unserer Religion anders zustande gekommen als die Fortschritte der geistigen Kultur überhaupt. Gewiss ist es peinlich, sich abhängig zu fühlen, aber sagen Sie selbst: sind wir in Musik, Malerei, Dichtung, Technik, Politik, Philosophie nicht auch abhängig? Das ist allgemeines Menschenlos: einige sehen die Sonne zeitiger als andere. Diese Wenigen sind die, die schon bald· nach Mitternacht aufgestanden sind, um auf die Höhe zu gehen. Glückliche Leute!

Ihr Naumann.

6.

Lieber Freund! Sie können sich nicht ganz darüber beruhigen, dass bei einem Christentum, wie ich es Ihnen dargestellt habe, keine festen Begriffe bleiben. Das verstehe ich, versuche aber, Ihnen an einem naheliegenden Beispiel zu zeigen, dass es weniger gefährlich ist als es aussieht. Denken Sie an den Nationalitätsgedanken! Er ist im letzten Jahrhundert von ungeheuer Wirkung gewesen, aber an festen Begriffen war und blieb er arm. Es hat in der Werdezeit des deutschen Nationalstaates keine Dogmatik des Nationalitätsgedankens gegeben. Gründete sich die Nationalität auf Gemeinschaft des Blutes? Gerade wir Deutschen haben in dieser Hinsicht fühlbare Mängel. Unser Volk hat Slawen in Masse in sich verarbeitet und Romanen und Kelten verschlungen. Was es zur Nation machte, ist Sprache und Geschichte, das gemeinsame Werden. War nun diese lockere Begriffskonstruktion ein wirkliches Hemmnis der Lebendigkeit? Im Gegenteil: allerlei unter sich zerrissene Einzelgedanken fanden schließlich ihre Einheit, sobald die Zeit kam, wo einer von ihnen, der preußische Machtgedanke, stark genug geworden war, die anderen an sich heranzuziehen Der Mangel an Systematik hing mit dem Charakter der Werdezeit zusammen. Jetzt ist unsere Art von Religion in derselben Lage: Das Wasser ist gesättigt mit allerlei Materien, die eigentliche Kristallisation hat aber noch nicht begonnen. Man nennt das »undogmatisches Christentum«, nicht als ob dieser Zustand der allein richtige wäre, aber es ist der für uns allein mögliche. Wir finden das Christentum sowie einen Weinstock, der sich an einer Wand emporgerankt hat, die zum Abbruch bestimmt ist. Die alte Wand ist das alte Weltbild der europäischen Völker. Jeder Zweig und jede Ranke des Weinstocks hat sich bisher irgendwo an einem Stein der alten Wand angehalten und festgeklammert, Wand und Weinstock schienen ein gemeinsames Leben zu haben. Nun wird die alte Wand stückweise durch neues Gemäuer ersetzt. Rebe für Rebe muss abgelöst werden und ganze Hälften des Weinstockes liegen zeitweise wie verlorenes Laub am Boden. Das alles aber übersteht der Weinstock, wenn nur die Wurzel noch triebkräftig ist. Die Wurzel ist Jesus.

Damit haben Sie im Grunde alles, was ich über das Verhältnis von Darwinismus und Christentum sagen kann. Der Darwinismus ist ein Stück der neuen Mauer, von der ich eben sprach, ein Teil der neuen Weltanschauung, die sich an die Stelle der alten schiebt. Er selber ist dabei noch keineswegs etwas Fertiges. Nur so viel ist klar, dass alle weitere Naturerkenntnis nicht wieder hinter den großen englischen Forscher Darwin zurückgehen wird. Alle unsere naturgeschichtlichen Sammlungen und Lehrbücher sind in diesem weiteren Sinne des Wortes darwinistisch. An diese neue Art der Naturwissenschaft muss sich das Christentum gewöhnen und ist auf dem besten Wege dazu. Die Schwierigkeit besteht nur darin, dass man während des beiderseitigen Angewöhnens von reiner Naturanschauung und Christentum nicht jeden Tag genau sagen kann, was sich zusammengefunden hat. Was man beschreiben kann, ist nur der Prozess im Allgemeinen. Dieser Verläuft so:

1. Diejenigen Stellen des alten Erkenntnissystems, an denen direkt über Naturgeschichte gesprochen wird, werden der neuen Auffassung entsprechend »ausgelegt« und, wenn das nicht mehr geht, als nicht verbindlich erklärt (Schöpfungsgeschichte).

2. Diejenigen Stellen des alten Weltbildes, die indirekt von den neuen Naturerkenntnissen abhängen, werden langsam in Ausdruck und Auffassung geändert (Lehre von der Seele und vom Himmel).

3. Die Gedankengänge des neuen Naturbildes verbinden sich mit den religiösen Empfindungen, die bisher an Gedankengänge des alten Systems angebunden waren. Beispielsweise: Die Gefühle, mit denen wir früher den Schöpfungsbericht des ersten Blattes in der Bibel lasen, verbinden sich mit der Entwicklungsgeschichte der Erde und finden·da erst den Platz, sich frei, groß, glücklich zu entfalten. Gerade in diesem Fall zeigt sich dies Umänderung direkt als Vorteil. Es gibt aber in ihr einen schwierigen Augenblick, der in seiner Schwierigkeit verstanden werden will. Das ist der Zeitpunkt, wo der Weinstock am Boden liegt, wo die religiösen Gefühle eine Weile ohne allen Halt

sind, weil der alte Gedankenuntergrund versinkt, ehe der neue gefestigt ist. Lassen Sie mich die religiösen Gefühle in diesem Zustand als heimatlose Gefühle bezeichnen und erlauben Sie mir, mich im nächsten Briefe noch ausführlicher mit den heimatlosen religiösen Gefühlen zu befassen. Inzwischen aber lassen Sie mich Ihnen für alle Geduld danken, mit der Sie einen Gedankenzug verfolgen, der Ihnen weniger geläufig sein kann als mir, der ich aus einem kirchlichen Theologen selber zu einem Christen mit moderner Naturanschauung geworden bin.

In alter Treue
Ihr N.

7.

Wir wollen an das anknüpfen, was gelegentlich Professor Drews in der »Christlichen Welt« gesagt hat! Er stellt fest, dass die christliche Naturfreude in der ganzen letzten Generation von Predigern fast· verstummt ist, und bezeichnet es als einen Zuwachs an Glaubensempfindungen, dass ich wieder Andachten über Gott in der Natur schreiben kann. Ich freue mich dieser Anerkennung, ohne sie mir persönlich besonders hoch anzurechnen. Die Sache liegt so: diejenigen Prediger, die es nicht mehr wagten, die alte Naturlehre des Schöpfungsberichtes zu vertreten, und es noch nicht wagten, die neue Entstehungslehre sich anzueignen, waren in schlechter Lage. Sie besaßen keine Wand für ihre Naturgefühle, deren Dasein ihnen trotzdem bei jedem Lesen der Psalmen und der Gleichnisse Jesu zum Bewusstsein kam. Das alte Lied von der Sonne und den Bergen passte nicht mehr, und das neue hatten sie noch nicht gefunden. Irgendwann aber mussten Menschen kommen, denen es· eine Selbstverständlichkeit war, die Sonne als Urmutter unseres Erdenlebens anzusehen und die Geschichte der Ewigkeit in den Falten der Gebirge zu lesen. Die Menschen, die man heute noch modern nennt, weil sie einen Geistesbestand haben, der noch nicht völlig Gemeingut geworden ist, können nun naiv und glücklich das Werden selbst in seiner Größe erfassen und bekommen damit von selber Psalmen in ihren Mund, die den Geist der alten frommen Naturlieder mit neuer, selbstverständlich gewordener Erkenntnis verbinden. Solange die Selbstverständlichkeit des Neuen noch nicht da war, waren die Gefühle des Glaubens gegenüber der Natur heimatlos, nun aber haben sie wieder Obdach gefunden. Die schwerste Zeit ist gerade auf diesem Gebiete überwunden, die Debatte um Moses oder Darwin ist erledigt, und man wird sehen, wie leicht sich die alte Lust religiöser Mitfreude in Zukunft an dem Neubau unserer Naturforscher emporranken wird. Was sind alle alten Psalmen vom Wasser gegen das, was die Zukunft über das Grundelement unseres Daseins bringen wird, dessen erdgestaltende Schöpfertätigkeit wir anders schauen, als je ein früheres Geschlecht! Hier wachsen der Religion Gefühle von einer Kraft und Vielartigkeit, die uns neidisch machen kann auf das Geschlecht unserer Kinder.

Und ist es mit dem Gefühl der Nächstenliebe anders? Da handelt es sich zwar nicht um eine Änderung unseres Naturerkennens, aber um eine sehr ähnliche Änderung im Wesen und infolgedessen auch in der Erkenntnis des sozialen Lebens. Die alte Art der christlichen Nächstenliebe außerhalb des Familienkreises war die patriarchalische Art der Unterstützung. Nächstenliebe war Wohltun und Mitteilen, auch Pflegen, Behüten, zum Guten zwingen. Diese alte Art der Nächstenliebe hörte nun zwar nicht auf zu existieren, aber sie verlor inmitten der geldwirtschaftlichen kapitalistischen Neuzeit an Wirkungskraft. Man übte sie, ohne von ihr innerlich noch befriedigt zu sein. Gerade das Religiöse an ihr, das persönlich Hingebende, das Opfern und Mitfühlen ging selbst noch weiter verloren, als es durch die Jahrhunderte schon an allen Straßen der Geschichte des Christentums liegen gelassen war. Da war wieder ein Gefühl eine Zeit lang heimatlos. Alle innere Mission, an der ich gern und eifrig mitgearbeitet habe, wird den Druck nicht los, dass sie persönliche Gefühle erweckt, die sich dann nicht recht ausleben können. Man redet von der Liebe Christi, und dann sammelt man Geld für das Gehalt eines Mannes, der diese Liebe für uns üben soll. Das geht nicht anders, ich würde heute noch nichts anderes zu tun wissen als damals, aber eine tiefe sehnsüchtige Stimme sagt bei dem allen: ist das die letzte Form der Liebe des Evangeliums? O es ist etwas sehr Eigenes um das suchende Flattern starker heimatloser Gefühle! Solche Gefühle streichen wie Bienenschwärme durch die Luft, die einen Korb suchen, weil sie aus dem vorigen herausgedrängt worden sind. Wie aufgeregt ist das schwirrende Volk! Es sucht, und wenn es nicht findet, dann stirbt es. So zittern die Seelen, in denen die Liebe Christi ist, ohne dass sie die Art ihrer Betätigung in der modernen Welt gefunden haben. Wie brannten alle Worte des Evangeliums, die von Bruderliebe redeten, in unseren Sinnen! Es waren Flammen, für die noch kein Docht sich zeigte. Ich kann nicht sagen, wie uns Weihnachten damals peinigte, weil wir nie die Heimatlosigkeit unseres Gefühls mehr empfanden als an diesem Tage. Man muss von diesen suchenden Wellen etwas gefühlt haben, wenn man wissen will, welche Bedeutung für uns die Worte christlich-sozial und evangelisch-sozial gehabt haben. Im vieldeutigen Worte »sozial« kamen wir zur Heimat, zur Klassenbewegung der abhängigen Leute. Der Anschluss der Empfindung an etwas Wirkliches war wieder da. Mir scheint, wer diese heimatlosen Gefühle auf irgendeinem Gebiete erlebt hat, der hat von da aus ein eigenes inneres Verständnis für die Lage der Religion innerhalb unserer modernen Welt überhaupt, dieser Welt gesteigerter Einzelempfindungen Doch davon das nächste Mal!

8.

Eins der stärksten religiösen Gefühle ist das der Dankbarkeit. Dieses Gefühl wurde von alters her mit den Wohltaten begründet, die wir von Gott empfangen. Je mehr nun der Zusammenhang aller natürlichen Dinge dem Menschen deutlich wurde, desto weniger fassbar war das Wort: Gott gibt dir dies oder das. Zunächst einmal ganz abgesehen davon, dass im Leben auch viel böse Tage vorkommen, selbst die Gaben der guten Tage ließen sich immer schwerer auf einen unmittelbaren Geber zurückführen. Eine durch Arbeitermangel nötig gewordene Lohnerhöhung lässt sich nicht ganz so leicht als direkte Gottesgabe verstehen wie etwa eine gute Weinernte. Aber selbst bei der Weinernte fing die alte Kindergläubigkeit an zu fehlen, denn man lernte den Zusammenhang zwischen Wetter und Fruchtbarkeit viel genauer kennen als früher und fing an, das zu berechnen, was man früher erbat. Es war, als ob die Kinder merkten, dass es den Weihnachtsmann nicht gibt, sondern dass die Mutter den Christbaum kauft und der Vater ihr dazu 1,20 Mk. gibt. Eine solche Erfahrung wirkt in jedem Kinderherzen erschütternd, der Zauber ist fort, die heilige Nacht scheint von der Alltäglichkeit verschlungen zu werden. Die alten Weihnachtsgefühle fliegen irrend umher, bis sie wissen, an wen sie sich klammern sollen. So etwa irrte die Dankbarkeit gegen Gott ratlos in unserer Mitte herum, bis wir uns gewöhnten, den Naturzusammenhang im ganzen als Ausfluss derselben Liebe anzusehen, der wir bisher für Einzelheiten gedankt hatten. Die Erkenntnisse, die uns erst unser Gefühl zu zerstören drohten, wurden uns nun lieb und wir freuten uns ihrer Vervollständigung denn nun waren wir von dem Gefühle los, als würde uns die Welt immer fremder, unverständlicher und gottentleerter. Gott ist im Zwang, in der Notwendigkeit, in der Aufeinanderfolge der Dinge, er ist nicht nur im gelegentlichen Einzelglück, er ist überall in unserer Welt, die wir kennen, und die wir von da an erst recht lieben lernen, wo wir wissen, dass es seine Welt ist. Jetzt hat unsere Dankbarkeit keine Grenzen, denn nun erst ist unser ganzes Leben in den Formen unserer Erkenntnis seine Gabe. Jetzt können wir auch der Wunder leicht entraten. Früher waren sie uns nötig. Ich kann mich der Zeit sehr gut erinnern, wo ich den Mangel an Wundern schwer ertrug, da die ganze Bibel voll Wundergeschichten ist, und ich nicht begriff, weshalb uns versagt sein solle, was den Bewohnern von Kana, Rain und Bethfaida gewährt wurde. Das Wunder ist eine Erkenntnisart der Menschen, in der sie sich ihres Gottes vergewissern. Unsere Erkenntnis ist besser. Danket dem Herrn!

Ich sage also: Die größte Schwierigkeit des heutigen Christentums ist die Erhaltung der Gefühle während der Umänderung der Erkenntnisse. Diese Schwierigkeit würde aber noch viel größer sein, wenn nicht auch sonst unsere Zeit eine Zeit vereinzelt schwirrender Stimmungen und Empfindungen wäre! Sehen Sie einmal unsere Maler an! Diese haben den Grundsatz proklamiert, es komme nicht darauf an, was gemalt werde, sondern nur, wie man male. Das heißt aber mit anderen Worten: Man hält nicht Gegenstände fest, sondern Eindrücke, Stimmungen, Seelenbewegungen. Der Maler malt einen inneren Zustand, und es ist fast gleichgültig, ob er dazu einen See oder einen Wald oder eine Herde Schafe benutzt. Man macht geradezu Studien, um die Seele zu nötigen, sich ganz in ihre einfachsten Elemente zu zerlegen. Wer das nicht durch längere Beschäftigung mit der Kunst kennt, dem kann man das nicht in wenig Worten deutlich machen, aber wer es kennt, der versteht auch meinen Gedankengang: in der Religion fragt man zurzeit weniger, was jemand glaubt, als, wie er glaubt, ob er starker und reiner Stimmungen fähig ist. Ich halte das in Kunst und Religion nicht für das Letzte und Höchste was überhaupt geleistet werden kann, aber für uns ist es das Höchste. Wir haben die alte Art der historischen Malerei satt und halten einen richtig erfassten Lichteindruck für wichtiger als ein ganzes gemaltes Konzil. Die alte Schulweisheit ist in die Ecke hinter den Ofen geworfen, und das Ich sucht zu sagen, was es selber sieht, fühlt, greift. So haben wir die lange Reihe von fertig gezeichneten Glaubenslehren hinter uns gelassen und wagen auf eigene Hand zu sagen: das fühle ich als Religion! Oft ist es herzlich wenig, aber das wenige hat dann doch Persönlichkeitswert.

Noch ist das Tappen und Suchen von der Vergangenheit beeinflusst, noch blicken wir zu den alten Meistern auf, wenn wir allein nicht weiter wissen, aber das Ich hat doch zu leben begonnen. Das ist der gar nicht genug zu schätzende Segen solcher Perioden, in denen Weltanschauungen wechseln, dass in ihnen die einzelnen Personen mehr auf sich selbst gestellt werden. Das Neue Testament ist ein Buch von quellender, persönlicher Originalität. In Zeiten fester Lehrformen merkt man das nicht, wir aber, die wir auch zwischen zwei Zeiten stehen, merken es, und es tut uns wohl, in dieser Hinsicht dem Neuen Testament viel näher zu kommen als in Zeiten, in denen jeder von vornherein wusste, was er zu glauben hatte. Früher sagte ich Ihnen, mein Freund, dass in der heutigen Lage der Religion viel Resignation ist, jetzt füge ich hinzu, dass in ihr viel Freude ist, und ich denke, Sie werden mich verstehen.

9.

Mein Freund! Es ist mir lieb, dass wir uns soweit verstehen: »Die Gefühle bleiben, während die Begriffe wechseln. « Ich gebe Ihnen willig zu, was Sie als Einschränkung dieses Satzes sagen: »Die Gefühle sind aber nichts, was unverändert bleiben kann, wenn die Begriffe sich ändern, nur tritt die Änderung der Gefühle viel später ein. « Ganz recht! Das aber geht über das hinaus, was unsere Generation eben erlebt. Wir erleben, dass wir »den inneren, alten Gehalt des Frommseins gern retten möchten, während wir die Form des alten Glaubens nicht mehr aufrecht halten können«. Dieser unserer Zwangslage uns bewusst zu werden und sie als Notwendigkeit zu begreifen, ist schon ein religiöser Fortschritt. Ich lege Gewicht auf das zuletzt Gesagte: Die Halbheit unseres jetzigen religiösen Wesens, des von mir beschriebenen Zustandes der heimatlosen Gefühle, muss von uns als notwendig Und unentrinnbar begriffen werden. Nur wenn er sich notwendig aus Vergangenheit und Gegenwart ergibt, kann er von uns mit gutem Gewissen und freudig getragen werden. Solange wir aber denken, dass es unsere eigene zufällige Willkür ist, die uns vom alten Gedankenbestande hinwegtreibt, werden wir im Grunde der Seele das verwirrende Gefühl nicht los, dass wir uns zu unserem Verhängnis von der Herde getrennt haben und nun verurteilt sind, ratlos und ziellos allein durch die Steinklippen der Weltanschauungen hindurchzujagen. Nicht der einzelne von uns ist es, der sich von der Grundlage der alten Begriffe getrennt hat, die gesamte Denkweise der europäischen Kultur ändert sich, und unsere persönlichen Änderungen sind nur ein Etwas in diesem Vorgange. Wir sind geworden, wie wir werden mussten. Es war nicht Willkür, wenn wir von der neuen Naturerkenntnis und Geschichtskenntnis beeinflusst wurden, es war, wie unser ganzes Leben von Gott, dass wir in diese Lage hineinkamen Gott gab gerade uns diese Schwierigkeit. Dass wir sie aus seiner Hand nehmen, das erlaubt uns, mitten in allen Zweifeln und Unsicherheiten fromm zu bleiben. Vor Zeiten war es fromm, die einmal gefundene Form festzuhalten, heute ist es fromm, den alten Gott im neuen Weltbild zu suchen.

Und damit kommen wir auf den Grundgedanken alles frommen Seelenlebens, auf Gott. Ist es heute, im Zeitalter Darwins, noch möglich, an Gott zu glauben? Ist nicht Gott, wie man sagt, gestorben? Keineswegs ist er das. Ich behaupte sogar, dass der religiöse Grundbegriff »Gott« durch alle neueren Veränderungen der Erkenntnis viel weniger gelitten hat, als irgendeiner, der weniger wichtigen religiösen Nebenbegriffe. Die biblische Geschichte sieht heute anders aus als in den Zeiten der Rechtgläubigkeit, die Ideen über den Umfang und die Entstehung der Welt haben sich gewaltig geändert, aber Gott ist nicht anders geworden, nicht deutlicher und nicht undeutlicher als früher. Man hat nie mehr von ihm gewusst, als wir von ihm wissen. Das mag wenig sein, es ist wenig, aber sagen Sie: was wussten die Leute von Gott, die den Sinai für den Platz hielten, da er mit seinem Knechte Moses redete? Wissen sie etwas anderes von ihm als: Feuer, Blitz, Wolke, Unsichtbarkeit, Heiligkeit, Macht und Geheimnis? Konnten sie das, was auch für sie das Verborgene war, dessen Offenbarungen sie suchten, konnten sie das mit den Fäden ihrer Gedanken wirksam umspinnen? Oder ist der Vater im Himmel, dessen Dienst und Kindschaft der Inhalt des Lebens Jesu Christi war, ist der Herr im Reiche des Himmels, der König, der zum ewigen Gastmahl ladet, der Gott Abrahams und aller Propheten und Apostel, ist er etwas bestimmt Greifbares, eine Gestalt mit festen, knappen Linien, von der man sagen kann: hier fängt sie an und hier hört sie auf? Und der Gott der Theologen, der aus lauter Eigenschaften besteht, der im Grunde nichts ist als eine Zusammenstellung der Begriffe Allmacht, Ewigkeit, Allgegenwart, Allwissenheit, Allweisheit, Gerechtigkeit, Heiligkeit, Liebe, Barmherzigkeit, Seligkeit, ist dieser Gott der Eigenschaften und Begriffe etwas unmittelbar Deutliches, trotz allen Fleißes, mit dem man den Urgrund seines »Wesens« zu ergründen suchte? Alles Reden von Gott war stets nur ein Lallen von Kindern, die dunkel von gewaltiger Melodie ergriffen werden und nicht Worte wissen, um das Zittern ihrer Seelen zum Ausdruck zu bringen. Gott war stets das große Unbekannte, das mächtiger ist als wir und alles, was wir kennen; er war »das Ding an sich«, das wir nie schauen, nie begreifen, und zu dem wir doch wagen, »Du« zu sagen. Das persönliche Verhältnis zum Weltgeheimnis, dessen einzelnen Offenbarungen jede Zeit so gut lauscht als sie eben kann, ist und bleibt der Gottesglaube. Weltgeheimnis gibt es heute nicht weniger als jemals früher. Alle Erweiterung der Kenntnisse erweitert zugleich die Dunkelheiten, und die Wolke, in der Gott in den Tagen des Moses wohnte, ist deshalb auch im Zeitalter der Fernrohre noch immer vorhanden.

10.

…Es ist richtig, dass ich Ihnen bisher nur gesagt habe: die alten Zeiten wussten im Grunde von Gott nicht mehr als wir. Gott war stets größer als alles Denken seiner Verehrer. Das Verhältnis zu ihm war immer das eines Meerfahrers zum Meer, nur mit dem Unterschied, dass hier der Meerfahrer mit der Tiefe zu reden beginnt, die ihn trägt. Waren etwa die alten Volksgötter der Heiden, die Gottheiten der Germanen, waren sie etwas anderes als ein menschliches Reden mit der Tiefe der Dinge, die sich täglich offenbart und täglich verschleiert? In diesem Reden sollte die neuere Naturwissenschaft irgendetwas geändert haben? Ich wüsste nicht: was? Ich bin mir bewusst, trotz voller rückhaltloser Anerkennung der modernen Weltauffassung noch genau das innere Grundverhältnis zum Leben an sich zu haben, wie meine Vorväter. Sie waren in Gottes Hand, ich bin es, sie baten ihn, wenn sie nicht weiterkonnten, ich tue dasselbe. Auch hier haben sich nur Formen und Begriffe verschoben, nicht aber die Grundbestimmung der Seele.

Natürlich dachte sich ein mittelalterlicher Christ Gott viel gespensterhafter, als ich es tue. Er lebte ja in einer geistigen Welt, wo es von Engeln, Teufeln, Dämonen, Zauberern, Hexen wimmelte; er kannte keine rationelle, nüchterne, kapitalistisch rechnende, elektrisch sich beleuchtende Menschheit Seine Häuser waren voll heimlicher Winkel, seine Kirchen voll spätgotischer Schnörkel, seine Wälder hatten noch Wölfe, seine Straßen noch Räuber, musste er nicht eine andere Phantasie besitzen als ich? Phantasie aber gehört zum täglichen Neuschaffen des Gottesglaubens. Man muss etwas von dem haben, was die Dichter besitzen, wenn man den Weg zum ewigen Leben finden will. Man muss verstehen können: selig sind, die nicht sehen und doch glauben! Wer gar keine Ahnung von innerem Schaffen hat, der kann zwar zur Not Priester werden, aber nie Prophet, denn aller Prophetendienst war ein Schauen über Äonen, ein Ahnen des Unausgesprochenen, ein Finden von Worten für das Übergewöhnliche. Selbstverständlich aber bleiben auch Propheten und alle, die sich von ihnen leiten lassen, Kinder ihrer Zeit. Der mittelalterliche Gottesverkündiger musste einen viel verwickelteren, unheimlicheren Gott predigen als der Mann, der heute von ihm redet. Alle unsere Phantasie ist geradliniger, logischer, fast möchte ich sagen, mathematischer geworden. Die alte Art Phantasie nennen wir Romantik, die unsrige aber nennen wir modernes Bewusstsein Ob die unsrige an sich mehr wert ist als die alte, wissen wir gar nicht, denn es ist nicht immer ausgemacht, dass die untergegangenen Lebensformen die niedrigsten waren. Jedenfalls aber hat unsere Art linearer Phantasie im Kampfe ums geistige Dasein sich emporgearbeitet, und wir haben sie nun. Mit dieser unserer Phantasie erfassen wir Gott und haben dazu dasselbe Recht wie jede frühere Zeit mit ihrer Art. Dass wir aber damit das Allerhöchste leisten, was religiös überhaupt geleistet werden kann, glaubt kein verständiger Mensch, denn noch ist unsere neue Phantasie selbst ein armes Kind, das erst noch wachsen soll. Vielleicht ist es aber gerade der Gottesglaube, an dem das neue Bewusstsein seinen besten Inhalt erst völlig findet.

Möglicherweise wundert es Sie, mein Freund, mich in diesem Zusammenhang mit dem Begriffe Phantasie arbeiten zu sehen. Wir haben uns von falschen Theoretikern beibringen lassen, dass das, was wir mit der Phantasie ergreifen, unwirklich und unwahr sei. Es soll sich dabei, so heißt es, um den »schönen Schein« handeln. Nichts wäre nun meiner inneren Neigung fremder, als Gott in das Gebiet des schönen Scheines verweisen zu wollen. Er ist in meinen Augen die Realität an sich, die wir beständig suchen, weit wirklicher als wir selbst. Nichts von dem, was wir als Gottespredigt begehren, ist bloße Dekoration. Jedes Wort von ihm, das wir nicht als Wahrheit begreifen, wollen wir wegwerfen! Zwischen ihn und uns soll sich kein Zeremoniell einschieben, denn wir nennen ihn ja nicht »Euere Majestät«, sondern wir sprechen zur Weltseele einfach »Du« und verbitten uns jede künstliche Regelung unserer Beziehungen zu ihr. Aber gerade zum Erfassen des Einfachsten, Tiefsten, Ungekünstelten brauchen wir das, was vorhin Phantasie genannt wurde. Schon das Wort »Seele« ist ein Stück Poesie, denn der Verstand kennt keine Seele. Auch das

Wort »Persönlichkeit« gehört hierher. Alle Worte wie »Leben«, »Wesen«, »Wirken«, »Schaffen«, alles was vom »Ich« redet, ist oberhalb des Tagesverstandes. Auch das Wort »Gattung«, »Art« ist Phantasie. Jeder Versuch, aus der Vielheit Einheiten herauszusuchen, ist schöpferisches Handeln, ist Phantasie, ist Glaube. Ohne solches innere Schaffen können Sie nicht Darwinist sein und ohne solches können wir nicht Gott suchen. Der Darwinist und der Gottsucher sind beide auf demselben Wege, nur sagt der eine: ich will die Arten der lebenden Wesen als den Inhalt der Lebensgeschichte ansehen, und der andere: ich möchte das fassen, was hinter den Arten ist. Gott ist in der Entwicklung drin, und jeder, der uns Entwicklungsgeschichte lehrt, ist Gottes Türhüter. Nie bin ich so froh, an Gott zu glauben, als wenn ich die Größe der Natur mit allen Mitteln der Neuzeit dargestellt bekomme. Wie arm war doch der Gottesglaube derer, die die Sterne für goldene Nägel hielten!

Ihr Naumann.

11.

Mein Freund! Sie verlangen nicht von mir, dass ich vieles über die Schöpfungsgeschichte des ersten Buches des Moses sage! Diese Geschichte ist innerhalb ihrer Zeit großartig, bewundernswert. Wenn wir sie aber in ihren Einzelheiten heute als maßgebend hinstellen wollten, dann würde uns die Stimme Gottes fragen: wozu habe ich euch neue Offenbarungen gegeben, wenn ihr sie nicht annehmen wollt? Ist etwa allein die Religion dazu verurteilt, keine neuen Gewinne zu machen im Laufe der Zeiten? Auch darüber ist nicht nötig, dass ich viel sage, dass wir zu den Wundern anders stehen als die Fischer von Galiläa. Die Welt, in der der Gottesgedanke des Neuen Testamentes Gestalt und Farbe bekam, war voll von Wundern Damals war das Wunder das Alltägliche, denn die Seele der Menschen war auf das Mitfühlen des Unerwarteten im Naturlauf gestimmt. Diese Seele war nicht auf den Satz von Ursache und Wirkung innerhalb der geschehenden Dinge gerichtet. Überall brach das Ungewöhnliche durch und wurde mit Sehnsucht ergriffen. Noch heute ist der Orient von Geschichten voll, die unser Geist nicht tragen kann. Eine Religion von Galiläa musste überquellend reich an Wundern werden, und es ist Mangel an geschichtlichem Sinn, wenn jemand diese Notwendigkeit nicht begreift. Aber ebenso ist es Mangel im geschichtlichem Sinn, wenn jemand vom heutigen Geiste verlangt, dass er ebenso veranlagt sein soll wie der Geist von damals. Wir sind darauf hin geschult, die Regelmäßigkeit und Folgerichtigkeit der Ereignisse herauszusuchen Das hängt mit der Änderung der Phantasie im Ganzen zusammen, von der ich Ihnen schrieb. Wir suchen und lieben das Geradlinige, Übersichtliche und Erklärbare. Ob diese unsere Geistesrichtung die letzte sein wird, die den Menschen zuteilwird, weiß ich, wie schon gesagt, nicht, aber es ist die unserige und für uns ist sie notwendig. Für uns ist es deshalb auch notwendig, Gott im geordneten Gang der Dinge zu erkennen und nicht in den unerklärbaren Unterbrechungen Diese Notwendigkeit, der wir uns nicht entziehen können, ist der innere Rechtstitel unserer Art von Frömmigkeit. Wir müssen Gott so glauben, wie er unsere Seelen werden ließ. Unser Gottesgedanke hat damit an Beweglichkeit verloren und an Größe gewonnen. Wir sehen in den Naturzusammenhang hinein, soweit wir ihn erkennen, und sagen zum unendlichen Geheimnis des Daseins, das uns umgibt: von dir bin ich, zu dir gehe ich, du bist mein Tag, du bist meine Nacht, du bist die Kraft, du bist das Gesetz, du bist das Leben, du bist das Ziel!

Und wenn uns nun das Geheimnis nicht zu antworten scheint? Wenn es scheint, als riefen wir in das Meer ohne Echo? Auch dann sind wir nicht schlechter daran als die Gläubigen der Vorzeit, denn auch sie sind voll Seufzer über das Schweigen ihrer Gottheiten. Was sie hörten, waren die Worte ihrer Priester, die Gesänge der heiligen Haine, die Gedanken ihrer Propheten. Auch zu ihnen kam Gott nicht als Ganzes, sondern redete »manchmal und auf mancherlei Weise zu den Vätern«. Der Glaube an ihn war einst wie jetzt die Überwindung des großen Schweigens durch den glaubenden Willen. Was hatte der einzelne Israelit direkt von seinem Gott? Er vernahm Moses und die Propheten. Und was hatten die Apostel? Sie erlebten die unendlich tiefe Persönlichkeit Jesu Christi und bekamen an ihr Gottesahnungen. Immer war es der Weg Gottes zu den Menschen, dass einzelne ihn stärker fühlten und von ihrem starken Gefühl an andere abgaben. Das ist heute noch nicht anders geworden, nicht schwerer und nicht leichter. Gott kommt zu uns im heiligen Geist derer, die ihn fanden. Diese aber, die ihn fanden, haben unter sich einen Bund, bei dem einer vom anderen lernt und an ihm wächst. Man kann Religion nicht begreifen, ohne die religiösen Hauptpersonen innerhalb der Menschheit zu begreifen, wie man Malerei nicht begreifen kann, ohne vor Rubens oder Rafael stillzustehen. Gott offenbart sich in den Gewittern und in den Abendwinden, aber als Gott wird er zunächst in den Seelen starker, kämpfender, prophetischer Geister erkannt, und erst von da aus sieht man ihn überall. Also, mein Freund: ich habe gesagt, dass es die neuere Naturerkenntnis nicht schwerer macht als die alte, gottgläubig zu sein. Ob wir es aber sind, hängt nicht von den

Naturforschern ab, sondern von unserem Verhältnis zu den schöpferischen Seelen, die Gott füllte. Dass unter diesen Seelen Jesus Christus obenan steht, bedarf für unseren europäischen Kulturkreis keiner weiteren Worte.

N.

12.

Dass die Person Jesu im Mittelpunkt unserer Religion steht, bedarf also keines Beweises. Man muss erst einmal in nichtchristlichen Ländern gewesen sein, um die Tatsache dieser Person einigermaßen richtig zu würdigen. Für den bloßen Weltmenschen fehlt in Konstantinopel oder Tunis nichts, was er täglich braucht, und doch fehlt auch ihm etwas Geheimnisvolles. Es fehlt die geistige Gegenwart der Zentralperson des Abendlandes. Diese Gegenwart besteht in nichts Formelhaftem oder Lehrbarem, sondern sie ist eine Art guter Atmosphäre, in der ein Teil der Bosheitsbazillen, die alles Menschentum in sich trägt, von selbst stirbt. Jesus ist in allen besseren Formen unserer abendländischen Kultur irgendwie drin. Oft ist schwer zu sagen, welche geistigen Regungen gerade von ihm stammen und wie sie von ihm kommen, aber an der Abwesenheit dieser Regungen in nicht christlichen Ländern merkt man gerade seine Anwesenheit bei und. Er ist in seiner Weise artbildend, Gattung schaffend geworden. Auch Sie, mein Freund, gehören zu der Art, die ihn nicht loswird. Selbst entschiedene Nichtchristen haben meist einen leisen Zug des Herzens zu ihm, und auch die Israeliten, die unter uns wohnen, versichern, dass sie ihn nicht nochmals kreuzigen möchten.

Er also ist es, der unsere Zugehörigkeit zum Christentume garantiert. Wer aber ist er, wer war er? Was sagen wir von ihm, wenn wir einmal so nüchtern und sachlich als möglich miteinander von ihm reden?

Zunächst sagen wir, dass er für alles Nachdenken ein schweres Problem ist. Das war er allen denen, die sich seit seinem Tode denkend mit ihm beschäftigt haben. Schon Paulus und Johannes hatten es schwer, etwa ihnen selbst Genügendes über ihn auszusprechen, und die ganzen Lehrstreitigkeiten der ersten christlichen Jahrhunderte erschöpfen sich in dem Ringen um die Erkenntnis seines Wesens. Es ist, als ob alle längst vorhandenen philosophischen und sittlichen

Probleme nur auf ihn gewartet hätten, um sich an seinen Leib zu fetzen. Er ist eine Sammlung von Gegensätzen wie kein Lebendiger sonst: voll Ichbewusstsein und voll Demut, voll Rücksichtslosigkeit und Zartheit, voll Überirdischkeit des Sinnes und dabei voll praktischer Menschlichkeit, voll Opposition und Duldsamkeit, voll Aristokratie und demokratischer Gefühle, ein Gott und ein Mensch, wenn man diese Worte ohne Zwang brauchen darf. Wie entstand er? Wie wurde dieses Innenleben, diese Sprache, dieses Leben weckende Sterben? Gerade je mehr wir versuchen, ihn aus seinen Zeitverhältnissen heraus zu verstehen, desto verlegener werden wir und zweifeln, ob unsere gewöhnlichen Erklärungswege uns zum Ziele führen. Der größte Verkünder des geheimnisvollen Gottes ist und bleibt selber Geheimnis. Ich habe gar nicht vor, mit Ihnen über Einzelheiten seiner Lebensgeschichte zu streiten. Mag er Josephs Sohn sein, mag er nach unserer Auffassung kein Wunder getan haben, mag er nach Ihrer Meinung nicht leiblich auferstanden sein, mag alles, alles dahinfallen, was Liebe, Anbetung und Unverstand an ihn gehängt haben, er ist und bleibt ein Meteorgestein, das unvermittelt auf dem Erdenfelde seiner Tage liegt. Er sollte uns nichts mehr zu sagen haben? Er, den wir erst anfangen zu begreifen?

Ich erkläre also meinerseits einfach und offen, dass ich über die Entstehung seiner Seele nichts weiß. Was aber weiß man denn überhaupt bei moderner Naturerkenntnis über geistige Neuentstehungen? Ich verlange von niemand, dass er über Jesus irgendeinem Konzil irgendetwas nachsagt. Jesus ist wahrhaftig nicht der Mann, vor dessen Angesicht man reden mag wie die Schriftgelehrten. Waren Sie einmal unter dem Eindruck eines der gewaltigen Sturzbäche in den Alpen? Man sieht das Wasser niederschießen, sieht es, hört es, merkt, dass es nie aufhören wird, verliert sein Ich vor der Wucht, gibt alle seine kleinen Empfindungen der Flut und denkt mit ihr und in ihr. So ist Jesus! Er war nur 33 Jahre alt, als er starb. Was wir von ihm wissen, ist ein kleines Büchlein voll Worte. Diese Worte sind nicht totzumachen Das ist das Wunderbare an der ganzen Sache. Man kann ein guter Psycholog sein und doch hier völlig ratlos stehen. Diese Ratlosigkeit gehört aber zur Religion selbst. So empfand Jesus die Gegenwart Gottes, seines Vaters. Er konnte ihn nicht deuten, aber er war von ihm erschüttert. Seine Bewegung ist es, die bis zu uns hin zittert, bis zu mir und zu Ihnen.

In alter Treue
Ihr N.

13.

…Und doch haben auch die Pietisten nicht ganz unrecht! Gerade von den alten, reinen und völligen Pietisten rede ich, wie Zinzendorf einer war. Diese Pietisten sind gleichgültig gegen das System der Lehre und fürchten sich vor dem Sauerteig der Pharisäer und Schriftgelehrten. Nichts ist falscher, als echte Pietisten für orthodox zu halten. Was ist ihnen die Orthodoxie? Sie lieben Jesus mit aller Inbrunst und aus allen Kräften und haben in ihm Friede, Freude, Vergebung, Heiligung, Seligkeit. Er ist ihre Passion und ihr Paradies, ihr Seelenbräutigam und ihr Bruder. In diesen Pietisten kam in gewissem Sinne der Protestantismus erst zu sich selbst, überwand den Buchstabendienst und ward nur Gefühl und Jesusdienst. Dieser Pietismus ist als Weltanschauung nichts wert, denn er verachtet ja Vernunft und Wissenschaft; aber als religiöse Strömung ist er gerade für das, was ich mit Ihnen, mein Freund, bespreche, sehr wichtig: Der Pietismns ist der Zustand des Glaubens, der zwischen zwei Weltanschauungen in der Mitte ist. In seiner ältesten Form war er Zwischenzustand zwischen Orthodoxie und Aufklärung. Er war ein Anklammern an die Person Jesu, an die Person, nicht an die Lehre.

Sehen Sie, dieses Zurückgehen bis auf den letzten, einfachsten Religionsgrund, bis auf Jesus, verbindet die modernsten Christen mit den Pietisten. Der Unterschied aber ist folgender: Der Pietist ging zurück auf das Lamm Gottes, das der Welt Sünde trägt, der sogenannte moderne Christ aber weiß mit der Kreuzespredigt oft nicht allzu viel anzufangen und wendet sich mehr dem sonstigen Wirken Jesu zu. Nicht als ob ich hier von mir spräche! Wie Sie wissen, stamme ich aus einer Umgebung, in der man die Worte Opfer und Versöhnung versteht Wenn ich hier von modernen Christen rede, so meine ich Leute, die nicht durch die Schule des biblischen und kirchlichen Sprachgebrauches und Denkens hindurchgegangen sind. Diese haben sehr wenig Möglichkeit, sich den Gedanken des versöhnenden Todes auf Golgatha innerlich anzueignen, denn in ihren Seelen fehlen die Vorbegriffe: Schuld, ewige Strafe, Zorn Gottes, Sühne, Stellvertretung, Zurechnung, Rechtfertigung. Dass diese Begriffe einer Mehrzahl unserer Zeitgenossen unerreichbar fern liegen, ist Tatsache. Dass es aber auch ganze christliche Zeitalter ohne oder fast ohne diese Begriffe gegeben hat, brauche ich Ihnen nicht erst zu sagen. Man muss deshalb glücklicherweise noch nicht fürchten, dass mit der Zinzendorfschen Passionsauffassung das Christentum als solches steht und fällt. Immerhin, ich gestehe, dass es mir große Sorge macht, gerade diese Begriffe schwinden zu sehen. Der einzelne von uns kann sie für sich festhalten, wer aber glaubt, dass sie noch einmal wieder allgemein werden können? Ich denke an alles das Menschenvolk, das ich in Berlin um mich herum sehe, und an ihre tägliche Geistesspeise. Dieses Volk wird noch vieles lernen, aber dass es das Wort »Opfer« im Sinne des Paulus lesen lernt, ist schwer zu glauben. Diese Leute alle sind zu fern vom Opferdienst alter Religionen, um ohne besondere Studien die Mystik des Opfers der Welt zu empfinden. Noch lassen sie sich die Passionslieder gefallen, aber sie wissen es nicht mehr innerlich zu fassen: »Die Marter und die Banden und was du ausgestanden, das hat verdienet meine Seel.« Das Höchste, was sie verstehen, ist das Martyrium für die Wahrheit und die in diesem Martyrium liegende endlose Liebe. Jeder einzelne geht hier für sich, und ein gemeinsames Empfinden der gebildeten Protestanten gerade in diesem Punkte gibt es nicht mehr. Man schweigt darüber, wie man still ist, wenn man etwas verliert, das man liebt. Ob es mit neuen Begriffen einmal wieder gewonnen wird? Ich weiß es nicht, und es ist mir schmerzlich, dieses: »ich weiß es nicht« schreiben zu müssen, aber unser Briefwechsel hat nur dann einen Zweck, wenn auch das Nichtwissen klar zum Ausdruck kommt. Das ist ja eben der Unterschied einer dogmatischen und einer geschichtlichen Betrachtungsweise. Die Dogmatik muss über alles eine lehrbare Ansicht haben, die geschichtliche Betrachtungsweise sieht aber die Glaubensgedanken in ihrem Kommen und Gehen. Ich bin froh, von einer Welle getragen worden zu sein, die den alten Kreuzesglauben kannte, aber ich weiß, dass das inmitten der neuen Geisteswelt eine Welle war, deren Wiederkommen zwar möglich, aber nicht sicher ist. Das, was Sie von mir wissen wollen, ist nicht, was ich noch heute für den Opfertod Christi sagen kann. Das habe ich mehrfach in den »Andachten« zu sagen versucht. Was Sie wissen wollen, ist, ob selbst dann, wenn zahlreiche Menschen den Weg zum Lamm Gottes nicht mehr finden, für sie Jesus Inhalt genug behält, um ihr A und O zu sein.

14.

Sie wünschen, mein Freund, dass ich noch etwas bei dem Punkte Versöhnungslehre stehen bleibe. Mir ist es sehr recht, denn was gibt es innerhalb des Christentum was so tief gewirkt hat als das Wort: »für euch gegeben und vergossen«? In diesem Worte liegt, wie mir scheint, unvergänglicher, ewiger Gehalt, und zwar liegt mehr darin als das, was jeder tapfere Mann sagen kann, der für eine Idee oder eine Gemeinschaft stirbt. Worin aber diese Mehrbedeutung besteht, das ist es, was einem Geschlecht von Menschen, das die Vorbegriffe der Bibel nicht besitzt, kaum deutlich zu machen ist. Es bleibt nichts übrig als ein allgemeiner starker Eindruck von der Wucht und Weihe des Heilstodes am Kreuz, ohne alle Möglichkeit, den Eindruck in lehrbare Worte zu fassen. Vor keinem anderen Teile der bisherigen Religionsverkündigung steht die Neuzeit verlegener da als vor diesem. Es ist ja leicht zu sagen: ich brauche keine Erlösung! Aber man denkt dabei, dass es schon sehr kluge Leute gab, die ebenso sprachen, und die dann vor ihrem Tode den Priester rufen ließen, damit er ihnen seine Versöhnungslehre verkündige, da sie selbst keine besaßen und nun doch eine brauchten. Diese stille Angst, dass man schließlich aus lauter Hunger der Seele das härteste Klosterbrot essen werde, nur um überhaupt etwas zwischen den Zähnen zu haben, beschäftigt meines Erachtens mehr Menschen, als man glaubt. Mehr als einmal hörte ich von sehr traditionsfreien Menschen den Satz: ich weiß nicht, wie ich in meiner Todesstunde denken werde, aber ich fürchte mich davor! In dieser Stunde werden die Geister der Ahnen lebendig, die in uns und um uns sind, und wenn wir zu unseren Vätern versammelt werden sollen, dann vernimmt unser krankes Gemüt den Gesang der Vorzeit: Christe, du Lamm Gotte, der du trägst die Sünde der Welt, erbarme dich unser! Und dieser Gesang wird Balsam sein auf unsere Wunden.

Es liegt also hier bei vielen unserer Zeitgenossen im allerhöchsten

Grade das vor, was ich als Merkmal unserer Frömmigkeit überhaupt beschrieben habe: die Seelenzustände dauern länger als die Lehrformen. Ist es nicht so, dass es Leute gibt, die Passionsmusik hören wollen, ohne eine Passionspredigt vertragen zu können? Gerade eine Passionspredigt vertragen sie nicht, weil sie das bestimmte Gefühl haben, durch jedes weitere Wort, das man über den Opfertod Jesu für uns spreche, vermehre sich für sie die Entfernung. Sie wollen andächtig hören »Erscheine mir zum Schilde, zum Trost in meinem Tod und lass mich sehn dein Bilde in meiner letzten Not«, aber der Pastor soll ihnen nur nicht sagen: deine Sünde und die Sünde deiner Frau und die Sünde deines Nachbars und die Sünde deines Dorfes und die Sünde deiner Provinz und alle Sünde aller Länder, Zeiten und Völker sind ein gemeinsames Schuldgericht, das auf der Seele dessen lag, der in Gethsemane rang! Eis ist bei diesen Worten dem Hörer, als käme er in einen fast luftleeren Raum, wo man nicht mehr recht atmen und hören kann. Das Tröstliche wird merkwürdigerweise für ihn durch wenige Sätze zum Untröstlichen gemacht, weil er nun gezwungen ist, sich zu fragen, ob seine Sünde etwas ist, was gleichsam neben ihm liegt und nach Gethsemane getragen werden kann. Er fühlt sich im Ganzen als etwas Gewordenes. Auch seine Sünden, die er eben noch selbst beklagte, werden ihm im Zwange dieses Nachdenkens zu Gegenständen seines Wesens. Er versteht mit einem Male den Mann auf der Kanzel nicht mehr, denn er versteht den Gott nicht, der sich über das Gewordene erzürnt.

Das Bedürfnis einer Versöhnungslehre ist dringend und unauslöschlich. Seht doch, wer alles vor der erhobenen Monstranz auf dem Steinboden kniet! Seht, wie die »armen Heinriche« noch in unseren beleuchtetsten Sälen umherlaufen! Mehr als je aber ist das Bedürfnis einem jener Tiere vergleichbar, die mit weitgestreckten Armen Stunde für Stunde in das Wasser hineingreifen, um irgendetwas zu erfassen. Das Stöhnen unerlöster Seelen, die mit sich selbst nicht zurechtkommen und die auch nicht mehr einfach vor dem Kruzifix sich Ihre Ruhe zu holen wissen, erfüllt unsere Luft. Hört ihr es nicht, wie dieses Stöhnen durch den fliegenden Holländer pfeift und wie Ahasverus noch heute euch besucht? Dieses Bedürfnis sucht sich seine neue Form und findet sie nicht. Alles, was wir an religiösem Neugewinn haben, liegt nicht auf diesem Gebiet, wenigstens finde ich meinesteils noch keine wirklichen Ansätze der Neueroberung des Geheimnisses vom Kreuz durch die Denkformen der Neuzeit.

Das ist nichts anderes, als was ich in kürzeren und anderen Worten schon im vorigen Briefe schrieb, es wird Ihnen aber meine persönliche Stellung zur Sache klarer gemacht haben. Ich halte dafür, dass wir den Versöhnungstrost nicht deshalb wegwerfen dürfen, weil uns die Versöhnungslehre undurchdringlich erscheint. Es ist möglich, dass schon einer nächsten Generation sich neue Türen des Verständnisses öffnen. Man darf nie glauben, dass ein Zentralgedanke vieler Jahrhunderte plötzlich sterben kann. Das kann er nicht, selbst wenn es uns im Augenblick dunkel ist, was er machen wird, um weiter zu leben.

Naumann.

15.

Mit wie verschiedenen Augen sehen aber die verschiedenen Zeiten den Heiland an! Wir wollen zusammen durch die Kirchen gehen und die Bilder bedenken, in denen Jesus dargestellt wird! Wir gehen nach Rom und Florenz, nach Paris und Antwerpen, zu Dürer und zu den Niederländern, zu den Jesuiten und den Nazarenern und sehen tausendmal einen verschiedenen Jesus. So verschieden, wie er gemalt wurde, ist er gepredigt worden. So reich ist diese Person, um so endlos verschieden auf Seelen zu wirken!

Es ist aber gut, dass wir uns dieser Verschiedenheiten bewusst werden, denn nur so erlangen wir eine einfache und herzliche Freudigkeit, unsere eigene, begrenzte, heutige Jesusansicht für berechtigt zu halten. Es ist gar nicht so, als ob es einen von Antiochien bis Berlin geltenden Normaltypus gäbe, von dem nur wir heutigen neuen Protestanten uns trennen wollten. Auch das Mittelalter hatte seinen eigenen Christus, der alles andere war als der orientalische Jesus von Nazareth. Waren sie damals mit ihrem Christus vor Gott in ihrem Recht, dann sind wir es heute mit dem unsrigen!

Wir versuchen das, was wir an Zeitgeschichte Jesu erfahren können, uns zu einem Hintergrunde seiner Person zu gestalten. Niemals früher ist Jesus so geschichtlich angesehen worden als jetzt. Dass diese geschichtliche Betrachtungsweise Lücken hat und nicht ohne Willkür ausgeübt wird, wissen wir, können es aber nicht ändern. Auch alle anderen Betrachtungsweisen mussten von sich sagen: wir tragen unseren Schatz in irdenen Gefäßen. Wir suchen den alten, orientalischen, wirklichen Jesus mit den Mitteln unserer Psychologie zu begreifen, versuchen trotz aller Schwierigkeiten durch die Fenster seiner Worte in sein Inneres hineinzuschauen und glauben, dass das innere Anschauen der größten religiösen Kraft, die es auf der Erde gegeben hat, uns hilft, als fromme Menschen inmitten unserer Zeit und unserer

Welt zu stehen. Das Wesentliche der Religion verlegt sich also für uns ins Psychologische. Fromm sein heißt: einen Seelenzustand gewinnen, wie er in Jesus in überwältigender Wuchs vorhanden ist. Das ist ganz etwas anderes als der bloße Gedanke vom hohen sittlichen Vorbild. Dieser Gedanke hat für uns weniger unmittelbare Kraft als für die Aufklärungszeit vor reichlich hundert Jahren, denn wir wissen besser, als man es damals wusste, wie sehr alle sittlichen Anschauungen mit den Zuständen der verschiedenen Zeitalter wechseln, ein Punkt, von dem ich später noch einmal reden werde. Das bloße Vorbild der Moral ist zu wenig für uns, die wir Jesum persönlich ergründen möchten. Seine Moral ist nur ein Teil seiner Seele, und das eigentlich Wichtige dieser Seele ist die Durchdringung aller ihrer Regungen mit Gotteskindschaft. Wir suchen die Seele des Sohnes Gottes, der von sich sagt: ich und der Vater sind eins. Wenn wir in diesem Zusammenhang den Ausdruck Sohn Gottes brauchen, so tun wir es im vollen Bewusstsein, dass wir nicht als Philosophen reden, die etwas über die ewige Scheidung von Personen in Gott sagen können. Die ganze Fragestellung der alten Kirche liegt uns fern. Wir reden psychologisch: eine Seele, die nichts als Gott in sich hat, ist Gottes Sohn. Wie eine solche Seele entsteht, entzieht sich, wie ich schon einmal schrieb, unserer Nachempfindung und Kenntnis. Wir finden diese eine Seele als vorhanden und vergraben uns in ihre Tiefen. Wir versuchen, so gut es beim Abstand der Lebensverhältnisse möglich ist, Zeitgenossen Jesu zu werden und mit den Pilgern vom Jordan seine Gegenwart zu trinken. Das ergibt kein System, keine Lehre, keine Weltanschauung im Einzelnen, aber das ergibt eine Erhöhung unseres eigenen armen Personeninhaltes durch das Beste, das wir finden können. Die Gattung stärkt sich an ihrer Urgestalt. Wir essen, um einen biblischen Ausdruck zu gebrauchen, das lebendige Brot. Dabei hilft uns das, was die Jahrhunderte an diesem Jesus hatten. Nicht als ob wir im Dienste dieser Jahrhunderte ständen! Aber auch schon die Augen unserer Väter sahen in das Auge Jesu von Nazareth. Inmitten aller ihrer Lehre über ihn stand doch schon früher er selbst. Er ist ihr Trost gewesen, nicht nur in seinem Tode, sondern auch in seinem Leben. Er ward von ihnen uns gegeben, das Beste, was sie geben konnten.

16.

Sie wissen, mein Freund, dass ich in früheren Jahren den Versuch gemacht habe, Jesus als »Volksmann« darzustellen. Es kann sein, dass ich heute viele einzelne Sätze anders schreiben würde, aber den Kern jenes kleinen Schriftchens halte ich fest. Ich hatte das Bedürfnis, unseren Heiland sozial zu verstehen, das heißt ihn in seiner Stellung zu Herrschern und Beherrschten, Reichen und Armen genau zu verfolgen. Früher hatte man das Bedürfnis, ihn in der theoretischen Weltanschauung einzufügen. Dieses alte Bedürfnis ist bei wachsender Gebrechlichkeit des alten Weltbildes, wie schon gesagt, für eine längere Periode gering geworden. Unser Bedürfnis ist, Jesus mit dem Geschichtsbilde in Beziehung zu setzen, das wir haben, sozusagen mit der Geschichtsphilosophie – der Neuzeit.

Ich fühle, dass es ein gefährlicher Ausdruck ist, wenn ich hierbei von Geschichtsphilosophie spreche, da auch sehr andere Dinge mit dem gleichen Worte bezeichnet werden können. Das, was ich meine, ist folgendes: Von den Franzosen Saint Simon und Comte her gibt es eine Betrachtungsweise der Geschichte, die in Marx ihren erfolgreichsten Vertreter gefunden hat, die aber keineswegs auf die Marxisten im engeren Sinne des Wortes beschränkt ist. Das Wesentliche dieser Betrachtungsweise ist die naturgeschichtliche Auffassung des Menschen und seiner Gesellschaft. Man redet nicht mehr vom Einzelnen, sondern von Klassen, Schichten, Rassen, und sieht überall, auch in allen geistigen Vorgängen, Folgeerscheinungen von Klassen- oder Rassenbewegungen. Diese soziale Art, Historie zu betrachten, liegt unserem Zeitalter sehr nahe, da wir eine Periode des Nationalitätskampfes hinter uns und eine solche des gewerblichen Klassenkampfes um uns haben. Wir erleben, wie gewisse Gedankengänge sich herdenweise ausbreiten und bekämpfen, und sehen, wie hervorragende Führer aus kämpfenden Schichten heraus entstehen, von ihnen getragen, gehoben und geschoben. Schon haben wir infolge dieser relativ neuen Denkweise eine Art Logik, die noch unseren Vätern fremd war. Wir sagen: Herr X muss infolge seiner sozialen Lage so oder so denken! Diese Art, das Geistesleben zu·betrachten, ist gewiss nicht die einzige, aber sie ist, um ein früheres Wort zu wiederholen, die unsrige, uns notwendig geworden durch unser Zeitalter. In diese Denkweise die Person Jesu hineinzustellen, ist für uns ebenso naheliegend als etwa es für Hegel war, ihn in seine absolute hohe Philosophie hineinzuziehen. Wir fangen also an, Jesus nach Rasse und Klasse zu beobachten. Kein einzelner hat das als neue Aufgabe angekündigt, aber es liegt in der Luft. Früher war Jesus »der Mensch an sich«, ein farbloser, geschichtsloser, volkloser, heiliger Heldenbegriff. Damit kann unsere Seele nichts mehr anfangen. Wir kennen keinen Menschen an sich, so wenig wir ein Metall an sich kennen, das weder Eisen noch Kupfer, noch etwas Derartiges ist. Der Gattungsgedanke beherrscht unser Denken. Deshalb fangen wir an, deutsche Bilder und Darstellungen des Rabbi von Kapernaum nicht mehr zu ertragen. Deshalb sehen wir seine Umgebung viel genauer als frühere Darsteller daraufhin an, dass sie aus Geringen im Volk, aus Fischern, Hirten und Kleinbauern besteht. Und damit bekommen für uns seine Worte eine bestimmt einschlagende Kraft. Wir fühlen, wie damals diese Worte treffen mussten. Jetzt wissen wir, weshalb Jesus sterben musste, weshalb er heute wieder sterben müsste. Das Grenzenlose, Volkerregende in seiner Rede wird lebendig. Wir verstehen ganz neu, was es heißt: Das Volk, das da wohnt im dunkelen Lande siehet ein großes Licht! Alle seine Kanten, Ecken, Schärfen, Härten, Lieblichkeiten, Zartheiten, Seligkeiten scheinen uns aufzugehen wie Farben im Hochgebirge, die zwar stets da waren, aber seit Jahrtausenden von niemandem geschaut wurden. Man lese doch einmal in der älteren christlichen Literatur, wie blass der Jesus ist, der von ihr verehrt und geliebt wird, wie wir es kaum können! Und wir erwarten, dass das, was heute die Theologen an neuen Lichtern im Gesichte Christi fanden noch nicht das Ende dessen ist, was sie uns bringen. Also auch hier gibt es nicht bloß Verlust.

17.

Wir sehen Jesus im internationalen Römerreich in der kleinen jüdischen Ecke. Nur dort konnte er entstehen und nur dort ist er entstanden. Man versuche, ihn sich in Athen zu denken! Er wird anders aussehen, denn dann wird er auch auf dem Areopag den Philosophen Rechenschaft geben sollen. Man versetze ihn im Geist nach Rom! Da wird er über Herrscher und Herrschaft noch anders und genauer reden müssen als in der Provinz des Pilatus. Man denke ihn an den Hafen von Alexandria! Seine Worte über den Mammon werden angesichts des Welthandels eine etwas andere Färbung bekommen. Das, was Jesus bietet, ist die Kindschaft Gottes in Galiläa. Diese bietet er der Welt: gehet hin und prediget allen Völkern und lehret, sie halten alles, was ich euch gesagt habe!

Ich lege Gewicht darauf zu sagen: die Kindschaft Gottes in Galiläa. Eine Kindschaft Gottes in Paris oder London oder Berlin ist nicht genau dasselbe. Zwar bleibt die Kindschaft Gottes in ihrem innerlichsten Wesen die gleiche, aber sie äußert sich in verschiedener Umgebung verschieden. Wenn verschiedene Stoffe brennen, so ist das Brennen selbst immer der gleiche Vorgang, aber die Flamme ist, je nach der Grundlage des Verbrennungsvorganges, verschieden in Umfang, Leuchtkraft, Farbe und Temperatur. Man zündet aber die Flamme des zweiten Stoffes an der des ersten an. So galt es und gilt es, die Kindschaft Gottes aus Galiläa auf andere Verhältnisse zu übertragen.

Die Verkennung dieses Wortes »in Galiläa« ist die Ursache sehr großer Nöte geworden. Auch ich kann an meinem Teile davon reden, weil auch ich zu denen gehört habe, die Galiläa nach Westeuropa verpflanzen wollten. Da Sie, mein Freund, mich seit Jahren kennen, so wissen Sie, was ich damit meine. Es gab eine Zeit, wo auch ich jedes Wort Jesu unmittelbar auf uns anwenden wollte. Jesus sagt: »Wende dich nicht von dem, der dir abborgen will!« Über dieses Wort können nur solche aus Erfahrung mitreden, die es wirklich versucht haben, ihm wörtlich zu folgen. Jesus sagt: »Wenn du ein Gastmahl machst, so lade die Bettler und Krüppel! « Man übertrage dies direkt in unsere Verhältnisse! Er sagt: »Sorge nicht für den morgenden Tag und frage nicht: was werden wir essen, was werden wir trinken! « Was aber sagt unsere Volkswirtschaftslehre, und was bringen wir unseren Kindern bei? Jesus sagt: »Verkaufe, was du hast und gibt es den Armen! « Wer will aber verkaufen, um seinen Acker oder seine Fabrik in Almosen zu verwandeln? Ist es nur unseres Herzens Härtigkeit und angeborene Sünde, wenn wir das alles nicht wörtlich ausführen? Ja, würde es ein Glück für irgendjemanden sein, wenn wir es täten? Dürfen wir es wollen?

Natürlich haben Priester aller Zeiten allerlei Wege gefunden, sich dem Gewicht solcher Worte zu entziehen. Sie sagten: Das ist von vornherein nicht wörtlich gemeint! Aber Jesus verlangte es doch damals wörtlich! Oder war er ein Schönredner? Er doch gewiss nicht! Er verlangte es und er selbst handelte so. Also spricht der Priester: Die Vorschrift gilt nur für die Mönche Nonnen! Die Mönche und Nonnen sollen Galiläa in Europa verwirklichen! Aber sind denn ihre Klöster wirklich das Galiläa der Bergpredigt geworden? Man kann das, was einmal gewesen ist, nicht an beliebiger anderer Stelle künstlich lebendig machen. Einmal nur gab es eine Urgemeinde und auch diese blühte nicht lange. Die Worte Jesu sind ursprünglich wörtlich zu verstehen gewesen, aber sie können leider von uns nicht wörtlich erfüllt werden.

Ich sage Ihnen, mein Freund, nichts Neues, wenn ich schreibe, dass es eine schwere Last für den gläubigen Christen ist, sich dieser Unmöglichkeit bewusst zu werden. An ihr merkt er deutlicher als an irgendetwas anderem, wie schwer es ist, ein wahrer Christ zu sein. Dass man etliche alte Glaubenslehren·nicht mehr glauben kann, geht weniger tief als die schmerzliche Erfahrung, dass man auch nicht imstande ist, die praktische Lebensauffassung Jesu direkt in die Gegenwart hinein zu übersetzen. Wir leben im Zeitalter des Kapitalismus und haben eine Religion, die vor diesem Zeitalter geboren wurde. Bei uns gehört Rechnen und Erwerben zu den sittlichen Pflichten. Auch die Verbände der Arbeiter müssen rechnen und erwerben. Wir alle leben mitten im Mammonismus, so wenig wir persönlich Mammonsknechte sein mögen. Unser Zeitalter ist geldwirtschaftlich und spekulierend geworden. In diesem Zeitalter haben wir einen Heiland, der mit rücksichtsloser Entschiedenheit sagt: Ihr könnt nicht Gott dienen und dem Mammon. Wie können wir uns vor inneren Vorwürfen retten? Helfen Sie darüber denken Ihrem

N.

18.

Diesen Konflikt, dass wir praktisch keine Christen im genauen Wort-
sinne des Evangeliums sein können, schätze ich meinesteils für viel
peinlicher als alle Konflikte der Lehre, aber gerade dieser Konflikt ist
nicht neu, er wird nur neu empfunden. Weshalb er neu empfunden
wird, bitte ich sagen zu dürfen.

Der Kapitalismus, die wirtschaftliche Grundform unseres Zeit-
alters, ist zwar an sich nichts absolut Neues, nahm aber bei uns in
Deutschland im letzten Menschenalter sehr an Ausdehnung zu. Diese
Tatsache selbst ist weltbekannt, aber nicht ebenso bekannt ist, dass
dieses Wachstum in doppelter Weise auf die Religion einwirkte, einmal als Verstärkung des Geistes der reinen Verständigkeit, der alle
Geheimnisse und alle Romantik verscheuchte, und dann als Verstärkung des alten, nie ganz erstorbenen religiösen Protestes gegen den
Mammon. Der neutestamentliche Antimammonismus bekam als
Antikapitalismus zweifach neues Leben, einesteils in wirtschaftlich
reaktionären und andernteils in wirtschaftlich fortschrittlichen Rich-
tungen. Man wurde sich des Zusammenhanges bewusst, der gleichsam
unterirdisch zwischen Jesus, dem heiligen Franziskus, den Wiedertäu-
fern, Rousseau und den ersten sozialistischen Utopisten vorhanden
war. Oft war dabei reaktionärer und fortschrittlicher Antikapitalismus nicht deutlich geschieden. Es entstand ebenso wohl innerhalb
des Katholizismus wie innerhalb des Protestantismus eine Stimmung,
deren Grundgedanke war, das Christentum könnte, wenn es nur echt
wäre, die Welt vom Kapitalismus erlösen! Fast alle Vorwürfe, die die
Sozialdemokraten gegen das kirchliche Christentum richten, gehen in
dieser Linie, fast alle christlich-sozialen Hoffnungen haben etwas Ähnliches im Hintergrund. In dieser Stimmung lebte wirklich etwas Starkes, und ich werde niemals bedauern, an ihr Anteil gehabt zu haben.
Es schien, als könnte der galiläische Glaube nach langer, langer Zeit

wieder einmal unmittelbar und im großen Stile wirksam werden. Und doch schien es wohl nur so! Es schien so, weil wir alle, die wir von dieser Strömung erfasst waren, den Unterschied des galiläischen und des modernen Antikapitalismus unterschätzten. Das Volk, zu dem Jesus redete, war in seinem galiläischen Hauptbestandteil noch völlig vorkapitalistisch. Nur von außen kamen geldwirtschaftliche Anregungen ins Land hinein, und diese sind es, denen Jesus ablehnend gegenüberstand. Wer von uns kann sagen, ob das dort und damals volkswirtschaftlich richtig oder unrichtig war? Der Naturzustand in Galiläa war naturalwirtschaftlich, und ohne Zweifel trug der importierte römische Mammonismus ein speziell unfrommes Gepräge. Jesus wehrt die damals falsch moderne Denkweise ab, denkt aber nicht daran, ein Mittelstandssystem oder einen Sozialismus im modernen Sinn dafür zu empfehlen. Hier lag der Punkt, wo für uns der Irrtum sich leicht einstellte. Wir wollten Jesus einfach als hohen und obersten Anwalt moderner Wirtschaftsbestrebungen verwenden. Jedes Mal aber, wenn wir nun ernstlich versuchten, bestimmte Forderungen aus seinem Evangelium abzuleiten, versagte es. Das Evangelium war eben galiläisch. Es blieb nichts übrig, als unsere Klassenkämpfe eben moderne Kämpfe zu nennen, und es fand sich keine Möglichkeit, Jesus zum besonderen Verfechter der Klasse der Lohnarbeiter oder der Wirtschaftspartei des Industrialismus zu machen. Ja, wenn die sozialen Kämpfe der Gegenwart nichts anderes wären als eine Erneuerung uralter Streite zwischen Armut und Reichtum, hätte man noch etwas länger den Heiland der Armen von einst als Wortführer der Armen von heute ansehen können, aber je deutlicher es wurde, dass in der Sozialen Frage gleichzeitig eine Herrschaftsfrage zwischen Agrarwirtschaft und Industriewirtschaft verborgen liegt, desto weniger gelang es, Jesus als Fahnenträger neuer industrialistischer Ideale, und seien es die besten, ohne weiteres in Anspruch zu nehmen. Das ist gewesen, was mir tiefer als alles andere die Wahrheit in die Seele geprägt hat, dass Jesus in Palästina und im Römerreich verstanden werden muss, und dass wir Spätgeborene sind, die ihn in seiner Zeit begreifen lernen müssen, um uns dann, gestärkt durch seine persönliche Inhaltsfülle, selbständig und ohne Angst der Wortsklaverei in unserer Zeit unseren Weg zu bahnen.

19.

Mein Freund! Darf ich Sie an unseren gemeinsamen Bekannten, Herrn O., erinnern? Er ist, wie Sie wissen, Christ im engeren Sinne dieses Wortes. Er will Jesusnachfolger sein, und zwar nicht im Sinne des Buchstabens, sondern des Geistes. Zu ihm sagte ich neulich: »Herr O., Ihr schönes Geschäft ist für Herrn St. sehr unbequem! « Das weiß ich, sagte er, das kann ich aber nicht ändern! »Aber«, sprach ich, »Sie lieben doch Herrn St. wie sich selbst, denn er ist Ihr Nächster! « Ja, antwortete er, soweit kann ich meine Nächstenliebe beim besten Willen ·nicht ausdehnen, das geht nicht! – Er hatte recht. Er ist gar nicht imstande, den Charakter der Konkurrenz aus seinem Geschäft herauszunehmen. Er muss sich gewöhnen, diese Konkurrenz als verträglich mit seinem Christentum anzusehen. Das ist für den tiefer denkenden Menschen nicht leicht. Viele hören an diesem Punkte überhaupt auf zu denken und sind praktisch mit der rechten Hand Kaufleute und mit der linken Hand Wohltäter der Armen. Was sollen sie auch anders tun?

Bei Herrn O. aber ist es nicht uninteressant, das Denken eines christlichen Geschäftsmannes gelegentlich etwas weiter zu ergründen. Ich fragte ihn, ob Wucher unchristlich sei? Ja, selbstverständlich! Wo der Wucher anfange? Beim unerlaubten Gewinn. Ob es erlaubter Gewinn sei, dem Publikum mehr abzunehmen, als er selbst, Herr O. zu seinem Leben unbedingt brauche? Ja, denn er müsse sein Geschäft vergrößern, das Geschäft sei der Herr, dem er diene, obwohl er der Herr des Geschäftes heiße. Er könne gar nicht beliebig Geschenke machen, solange er seinem Geschäfte diene. Ob das nicht Mammonsdienst sei? Nein, das Geschäft ist eine Sache für sich. Mammonsknecht bin ich erst, wenn ich außerhalb des Geschäftes hart und geizig bin! So sprach er. Sagen Sie selbst, ob er viel anders reden konnte! Dass er im Geschäft anständig und allseitig korrekt zu verfahren sucht, ist bei ihm selbstverständlich, aber wie man im Geschäft den besonderen Geist Christi verwirklichen kann, das hat er nicht gefunden. Und ich weiß es auch nicht. Diese Sache hat mich viel beschäftigt. Auch ich dachte früher, es gäbe eine Art, um den modernen Betrieb zu christianisieren. Aber alle Stimmungen des Evangeliums schweben nur wie ferne, weiße Sehnsuchtswolken über allem wirklichen Tun unserer Zeit. Wir sind nicht nur außerstande, wie ich schon ausführte, den genauen Wortlaut der Bergpredigt in die heutige Zeit zu versetzen, nein, wir bringen es nicht einmal fertig, den Geist Jesu als maßgebendes Prinzip unserer Erwerbstätigkeiten zu betrachten. Diese unsere kapitalistische Welt, in der wir leben, weil es keine andere für uns gibt, ist nach dem Prinzip eingerichtet: Du musst begehren deines Nächsten Haus! Du sollst den Markt gewinnen wollen, den die Engländer haben, du sollst den Einfluss in Konstantinopel bekommen, den die Franzosen hatten, du sollst in Malerei das leisten, was bisher Vorrecht der Pariser zu sein scheint, du sollst das Brot essen, das eigentlich der russische Bauer selber essen sollte, du sollst dir eine Fabrik gründen und damit alle älteren Betriebe verdrängen, du sollst Zölle haben wollen, obwohl du weißt, dass damit andere belastet werden, du sollst Zollfreiheit erstreben, obwohl du hörst, dass damit andere gefährdet werden! So geht es endlos, endlos fort: Du sollst für höhere Löhne kämpfen, du sollst gute Preise fürs Handwerk erzielen, du sollst – begehren!

In dieser Welt lebt das heutige Christentum wie ein Baum aus Asien, den wir an unser Klima gewöhnen wollen, und dem man doch die Sehnsucht nach seiner alten Luft an allen Blättern ansieht.

In dieser Welt gibt es für das Christentum im Grunde nur zwei Möglichkeiten. Entweder es erklärt: Der Jünger Jesu Christi kann mit den schaffenden und erwerbenden Tätigkeiten dieser Zeit nichts zu tun haben und wird Mönch, oder der Jünger Jesu Christi wird sich der Begrenztheit seines Christentums bewusst Er sagt: ich will Christ sein, so viel und so gut es in dieser Welt möglich ist! Er verzichtet darauf, nur christliche Motive zu haben, sondern hat sie neben anderen. Das letztere ist es, was nicht nur Herr O., sondern was wir alle in Wirklichkeit tun.

Oft ist das Christentum in den Ruf der Heuchelei gekommen. Die Christen waren dann sehr gekränkt, denn sie glaubten ehrlich zu sein.

Ihnen war es ernst mit der Nachfolge Jesu. Was fehlte eigentlich? Es fehlte das offene und freie Zugeständnis, dass es Dinge gibt, die sich einer christlichen Regelung entziehen. Man predigte, wir predigten: Alles, was ihr tut, soll im Namen Jesu geschehen! Mit dieser Parole setzte sich dann der Bankier vor die Kursliste, der Bauer vor die Deutsche Tageszeitung und der christliche Arbeiter vor sein Gewerkschaftsblatt. Das Ist es, was böse Zungen Heuchelei nannten

20.

Das Evangelium war die frohe Botschaft der Armen: Selig, selig sind die Augen derer, die aus den Höhlen der Unterdrückung dem Licht entgegenkriechen, derer, die da hungert und durstet nach Gerechtigkeit, und die das Leben nie anders gesehen haben als von unten her! Selig seid ihr, die ihr weinet, denn ihr werdet lachen! Selig sind, die um Gerechtigkeit willen leiden, die Sanftmütigen, Friedfertigen, Barmherzigen, alle die Mühseligen und Beladenen, die es aufgeben, isoliert allein irgendwo unter einem alten Ölbaum fluchen oder sterben zu wollen. Gemeinschaft und Glaube leuchten über der Armut und Gedrücktheit wie rote Morgensonne über dem Kalk des Libanon. Jesus ruft die Sünder zur Buße, die Verlorenen zur Heimkehr, die Zöllner zur Gleichwertigkeit, die Magdalenen zur Nachfolge. Einen solchen Mittelpunkt der Unterschicht hat es vor und nach ihm nicht gegeben. Als Heiland der Geringen muss er gesehen werden, wenn man ihn lebendig sehen will, als Heiland der Verlorenen des Lebens.

Als Heiland der Verlorenen sieht ihn freilich auch immer schon die katholische und protestantische Kirchlichkeit an. Er steht da in himmelhoher Erhabenheit mitten zwischen den Bettlern, Krüppeln und Idioten und waltet unter ihnen wie eine Prinzessin, die einen Besuch im Hospital macht. Dass aber die Armen sein Lebensstoff waren, sein Sorgen, Sinnen, Träumen, Lieben, Leidens, Sterben, ist erst dann viel besser erkannt werden, als man seine Worte mit der ganzen Sorgfalt der Neuzeit las. Uns erst erschüttert es ins allen Tiefen, diese unendlich reiche Seele in der Mitte, im Milieu .der Armen zu finden. Wir wissen als Germanen wenig mit dem Wort »Sohn Davids« zu machen, aber »Jesus von Nazareth« sagt uns alles, denn wir haben eine Ahnung, welche Winkel und Lumpen, welche Ärmlichkeiten das eine Wort Nazareth bedeutete. Und war es anders mit Nain und Kapernaum und mit Bethsaida? In den Tagen des Augustus wuchs das

Licht der Welt in Nazareth! Das Heil im Stall, die Perle im Kalk, Jesus unter den Plebejern!

Diese geistige Zusammengehörigkeit Jesu mit den Leuten von Galiläa übt auf uns alle einen fabelhaften Zwang aus. So gründlich tötet nichts in der Welt die Luft an den Eitelkeiten des aristokratischen Wesens als die Andacht vor dem Worte Jesu. Er wirft uns immer wieder von allen Höhen herab: Was tust du für die Blinden und Lahmen? Lebst du ihnen? Was schwach ist vor der Welt, das hat Gott durch ihn erwählt. Er bringt es fertig, den Glauben an den ewigen Wert der Schwachen zu wecken und uns eine merkwürdige Sehnsucht in Herz und Gehirn zu gießen: sei ein Bruder der Geringen!

Dieses sein Evangelium der Geringen, für das er starb, ist der Urgrund seiner sittlichen Kraft, mit der er uns alle in seine Bahnen fesselt, denn keiner, fast keiner wagt es, innerlich sich dem Geist des grenzenlosen und tatkräftigen Mitleides zu entziehen, den er mit sich bringt. Aber erst wenn man diesen Geist in seiner ganzen Schärfe und Einseitigkeit kennt, weiß man auch, dass nur wenige Menschen ihn ganz haben können. Man kann nicht die ganze Menschheitsentwicklung auf Mitleid und Brudergeist aufbauen wollen. Das ist es, was ich meinte, als ich sagte: es gibt Dinge, die sich der christlichen Regelung entziehen. Welt bleibt Welt, und vor dem Mitleid steht die Macht.

Damit bin ich auf einem vielleicht etwas langen Wege bis zu der Stelle gekommen, von der aus ich versuchen werde, Ihnen meine Stellung zu den politischen und wirtschaftlichen Machtfragen darzustellen. Erst habe ich mich bemüht, das Christentum entwicklungsgeschichtlich zu betrachten, wie es ein Gewordenes und Werdendes ist, in dem wir leben und atmen, dann ging ich dazu über, in dem breiten historischen Christentum das aufzuzeigen, was uns, den Leuten unseres Landes und unserer Bildung, am Christentum das Wesentlichste bleibt. Das war die Person Jesu Christi. In dieser Person bewegt uns vor allem sein Evangelium der Armen. Ob dieses Evangelium der Armen die einzige maßgebende Lebensnorm für uns sein kann, das ist es, was uns beschäftigt. Meine Antwort ist, dass es eine unserer Lebensnormen ist, aber nicht die einzige. Nicht unsere ganze Sittlichkeit wurzelt im Evangelium, sondern nur ein Teil derselben, allerdings ein äußerst wichtiger und leicht missachteter Bestandteil. Neben dem Evangelium gibt es Forderungen der Macht und des Rechtes, ohne die die menschliche Gesellschaft nicht existieren kann. Diese meine Ansicht ist keineswegs neu, aber es· scheint nötig, dass sie mit Bestimmtheit jetzt geäußert wird, weil ein großer Teil der Vorwürfe gegen uns, die wir Christen und Patrioten sind, nur so zurückgewiesen werden kann. Oder ich will mich noch etwas behutsamer ausdrücken: ich persönlich weiß mir im Konflikt zwischen Christentum und anderen Lebensaufgaben nicht anders zu helfen, als dass ich die Grenzen zu erkennen suche, die das Christentum hat. Das ist schwierig, aber besser als die Last der halben Wahrheiten, deren Druck auch ich getragen habe.

21.

Man kann Mitleid und Keuschheit als die zwei Brennpunkte der Sittenlehre des Evangeliums bezeichnen. Gegenüber einer Welt voll Härte und Unreinigkeit stellt Jesus sich hin und predigt die selige Welt derer, die reines Herzens sind und voller Sanftmut. Da die Welt stets voller Härte und Unreinigkeit ist, so hört diese Predigt nie auf, dringend nötig und unentbehrlich zu sein. Jede einzelne Seele empfindet es als Bad der Reinigung und Erneuerung durch den Heiligen Geist, wenn sie in diese von Jesus verkündigte Welt der Bruderliebe und der Selbstzucht eingetaucht wird. Die besseren Teile in uns strecken sich diesem Heile entgegen und rufen, von ihrem endlosen Kampf mit den schlechteren Teilen bedrängt, sehnsüchtig in die Unendlichkeit hinein: Komm, Herr Jesus! In heiliger Sehnsucht sind wir dann bereit, diese Moral der Liebe und der Askese für den Inbegriff aller Moral überhaupt zu halten, und erst diese Überspannung des Richtigen und Heiligen gefährdet unser Christentum.

Jesus nämlich stand in einer Art anders zum Leben als wir stehen dürfen. Er sah das Weltende vor sich. Bald sollten sich die Wolken öffnen und das große Gericht Gottes sollte die Weltgeschichte beschließen Diesen Glauben dürfen wir nicht haben. Ich erinnere mich eines langen, schönen Abends, wo ich mit einem lieben süddeutschen Pietisten unter Sternenschein auf dem Schiffsverdeck lag und wir sprachen über die »Wiederkunft Christi«. Mein Begleiter gehörte zu denen, die in fast altchristlicher Weise das Weltende erwarten. Ich fragte ihn, ob er wünsche, dass der Deutsche Kaiser dieselbe Ansicht habe und seine Politik auf Weltende einrichte; ob er wünsche, dass wir die Schulen schließen, da bei naher Himmelszukunft das viele Lernen irdischer Künste doch keinen Zweck habe; ob er wünsche, dass Kontrakte für mehr als zehn Jahre gerichtlich unmöglich sein sollten usw. Das Ergebnis war, dass niemand, der an verantwortlicher Stelle steht, ein

Recht hat, aus seinen etwaigen Weltuntergangsgedanken praktische Konsequenzen zu ziehen. Die Welt muss als bleibend gedacht werden. Sobald wir aufhören, sie als bleibend zu denken, verletzen wir Pflichten. Nun begreift es sich aber leicht, dass damit Gedankengänge eingeführt werden, die mit dem Urchristentum nichts zu tun haben. Das Urchristentum legte keinen Wert auf die Erhaltung von Staat, Recht, Organisation, Produktion. Es denkt einfach nicht über die Bedingungen der Existenz der menschlichen Gesellschaft nach. Das ist in keiner Weise ein Vorwurf, das ist nichts, als Feststellung einer Grenze: es gibt allergrößte und allerschwerste menschliche Probleme, die durch das Neue Testament nicht wesentlich berührt werden. Durch gelegentliche Versicherung des Gehorsams gegen den römischen Kaiser ist die Frage selbst, wie das Christentum zum Staat steht, nicht irgendwie erledigt. Der Staat beruht auf ganz anderen Trieben und Instinkten als die sind, die durch Jesus gepflegt werden. Der Staat braucht Herrscher, der demokratische Staat ebenso wie der aristokratische, der Staat baut sich auf dem Willen auf, andere sich dienstbar zu machen. Alle Konstruktionen, die den Staat aus Bruderliebe heraus erklären wollen, sind, geschichtlich angesehen, leeres Gerede. Der Staat kann, wenn er sich vervollkommnet, mit Motiven der Bruderliebe gesättigt werden, man kann es wenigstens versuchen; aber seiner Natur nach ist er nicht Liebe, sondern Zwang. Er gehört nicht dahin, wo man dem, der den Mantel nimmt, auch noch den Rock geben soll, und nicht dahin, wo man Sünden vergibt, sobald sie bereut werden. Der Staat darf nicht mit dem Weltende rechnen, auch nicht mit der freiwilligen Güte aller Menschen. Er ist ein Stück des Kampfes ums Dasein, ein Panzer, der aus dem Körper der Schildkröte herauswächst, ein Gebiss, das die Nationalität sich schafft, ein Gemächte aus Willen, Soldaten, Paragraphen und Kerkern Dieses Gemächte ist in aller seiner Härte die Vorbedingung der Kultur. Es fand aber seine Musterform in Rom und nicht in Nazareth.

Wer nun sagt, dass im Evangelium alle Sittlichkeit vorhanden ist, die es für uns gibt, der muss entweder die bürgerliche Sittlichkeit des Staates überhaupt von sich weisen, oder er muss sie umdeuten, bis sie sich einem System christlicher Moral einzufügen scheint. Das letztere ist das häufigere. Man macht den Staat mit allen seinen

Kanonen und Kerkern zu einem Bestandteil und Hilfsmittel des Reiches Gottes. Nur schadet man damit dem Bilde Jesu mehr als man ihm nützt. Man muss dann die zartesten und feinsten Regungen der Seele Jesu brechen. Gerade darin beruht seine Eigenart, dass er groß ist ohne weltlichen Herrschaftssinn. Die volle Ablehnung politischer Gesichtspunkte ist seine Größe. Wie soll ich nun sagen, dass» Bismarcks Vorbereitung des Schleswig-Holsteinischen Krieges ein Dienst des Reiches Jesus Christi sei? Das bringe ich nicht fertig! Aber ich bewundere diese Vorbereitungen trotzdem. Es fällt mir nicht ein, sie zu beklagen. Das ist die innere Lage, aus der heraus ich sage: nicht alle Pflichterfüllung ist christlich. Bismarck tat, was er musste, denn sein Beruf war die Pflege der Macht. Diese Pflichterfüllung ist nicht ohne weiteres Nachfolge Jesu.

22.

Soviel ich sehen kann, ist unter den Theologen die Erkenntnis, dass die christliche Sittlichkeit nicht die ganze Sittlichkeit ist, nie erloschen, so verschieden auch die Formen sind, unter denen sie sich ausspricht. Anders steht es aber bei den nicht wissenschaftlich gebildeten Christen. Diese hören unzählige Mal von der Kanzel, dass ihr ganzes Leben nichts als eine Nachfolge Jesu Christi sein soll. Je mehr sie es glauben und in ihrem Leben durchzuführen versuchen, desto mehr beengt sie die Frage, die sie vor sich selbst kaum zu gestehen wagen: wie steht eigentlich Jesus zum Kampf ums Dasein? Im Wort »Kampf ums Dasein« fasst sich dann für sie alles zusammen, was Geschäft und Staat von ihnen fordern. Ist Jesus mit dem Kampf ums Dasein vereinbar? Ja oder nein? In diese Frage mündet das, was wir bisher besprachen, in dieser Frage liegt auch das, was Sie zu Anfang von mir wissen wollten: Christentum und Flottenpatriotismus.

Im Wort Kampf ums Dasein liegt eine Weltanschauung. Der Kampf wird als Prinzip des Fortschritts gefasst, und zwar der ganz brutale egoistische Kampf. Überall sieht das Auge, das einmal dieses Kampfes gewohnt worden ist, seine Spuren. Ich sitze an meinem Schreibtisch und höre drunten auf der Straße die Menge von Kindern spielen, die dieser Vorort schafft. Was werden sie werden? Bis wohin werden die einzelnen es bringen? Welche werden zeitig sterben und welche spät? Im Einzelfall ist es Zufall, wann, wo und wie schließlich eins dieser Menschenkinder endet, im Ganzen aber gibt es Regelmäßigkeiten. Wer das bessere Blut hat, lebt länger. Wessen Vater mehr verdient, lernt mehr. Man sagt, dass kein Sperling ohne Gottes Willen vom Dache fällt, nein, nicht irgendjemand, sondern Jesus sagt es. Derselbe sagt, dass diese Kinder mehr wert sind als viele Sperlinge. Er sagt, dass sie in Gottes besonderer Obhut stehen Wie passt das zu dem Kampfe ums Dasein, der die Hälfte von ihnen vorzeitig verschlingen wird? Soll man als Christ die Erlebnisse ignorieren, von denen die Statistik redet? Soll man sich absichtlich die Augen verschließen, oder soll man sich dem Kampfe der Stärkeren gegen die Schwächeren anschließen, oder dem der Schwächeren gegen die Starken, diesem Kampfe, der, wenn er gelingen sollte, nur wieder neue Macht bedeuten würde? Mit anderen Worten: sollen wir die Kämpfernaturen demütigen, bis sie nicht mehr kämpfen können? Sollen wir Menschen erziehen, denen aller Herrschaftswille fehlt, gebrochene Ichs, geknickte Naturen? Dienen wir damit dem Willen Jesu? Oder sollen wir die Triebe des Ich und des Kampfes im Menschen stärken und dabei denken, dass es die Stärke des Willens ist, durch die Gott sein Werk unter uns treibt? Sollen wir, wenn die Schwachen versinken, Gott anklagen, dass er sie nicht besser behütet hat, oder sollen wir vom Vater Jesu Christi sagen, er habe es so eingerichtet, dass einer den anderen verdrängen muss?

Wenn wir ein Volk steigen sehen, so sagen wir: Gott lässt es groß werden! Sagen wir das von England, Russland und Deutschland? Wenn wir aber ein Volk sinken sehen, so sagen wir: Gott will es! Sagen wir so von den Türken, Spaniern, Buren? Oder hat Gott mit dem allen nichts zu tun? Was aber ist dann Gott? Es öffnen sich hier die endlosesten und ältesten Fragen der Menschheit in immer neuem Kleid; Hiob kommt aus der Grube und lacht über uns, dass wir nicht weiter sind als er. Wie verhält sich Gott zum Elend, zur Vergewaltigung, zur Tötung? Cyrus, der Cäsar des Orients, wird im Alten Testament der Gesalbte Gottes genannt. Hätte ihn wohl Jesus so nennen können? Mein Freund, Sie fühlen mit mir, dass wir klein und arm vor dem Problem der Probleme stehen: wir haben eine Welterkenntnis, die uns einen Gott der Macht und Stärke lehrt, der Tod und Leben wie Schatten und Licht gleichzeitig versendet, und eine Offenbarung, einen Heilsglauben, der von demselben Gott sagt, dass er Vater sei. Die Nachfolge des Weltgottes ergibt die Sittlichkeit des Kampfes ums Dasein, und der Dienst des Vaters Jesu Christi ergibt die Sittlichkeit der Barmherzigkeit. Es sind aber nicht zwei Götter, sondern einer. Irgendwie greifen ihre Arme ineinander. Nur kann kein Sterblicher sagen, wo und wie das geschieht. Der einzelne Mensch ist beständig zwischen beide gestellt, und zwischen beiden sucht er sich mühsam und um Klarheit ringend seinen Weg. Das ist es, was ich früher sagen wollte, wenn ich schrieb, dass die christliche Sittenlehre nicht allein alles beherrscht. Nicht als ob ich oder sonst jemand dieses alte, harte Problem endgültig lösen könnte! Es genügt mir, zu sagen, dass ich es kenne, und dass ich deshalb die Zwiespältigkeit als notwendig begreife, die unser Handeln anfüllt. Das ist ein Schmerz, Religion ohne Schmerz aber gibt es nicht, hat es nie gegeben.

.

23.

Verehrter Freund! Waren Sie einmal im Bamberger Dom? Oder sonst in einer jener alten Kirchen, die im Lauf mehrerer Jahrhunderte gebaut worden sind? Da gibt es Partien, die einen älteren, und solche, die einen späteren Stil haben. Jede dieser Partien ist in sich selbst einheitlich, jede aber streitet sich in Geist Und Geschmack mit ihrer Nachbarin; und doch bilden sie alle zusammen den Dom. Eine harmlose Seele ohne weitere geschichtliche Bildung merkt die Stilverschiedenheiten gar nicht und freut sich nur des Gesamteindruckes, eine gewisse Halbbildung ist fanatisch und will einen Stil allein als echt und recht gelten lassen, eine weiter geförderte Bildung ist geduldig und will nur, dass man jeder Partie ihren eigenen Charakter wahrt. So etwa stelle ich mir das Verhältnis von Christentum und Kampf ums Dasein vor. Es gibt noch heute viele Seelen, denen es gar nicht schwer fällt, das ganze geistige Leben ohne weiteres als Einheit zu fassen. Der Gott der Macht und der Liebe ist ihnen ohne weiteres derselbe, und wenn der Gott der Macht, wie es in der Bibel heißt, den Jakob liebt und den Esau hasst, so stört das diese Seelen nicht, ihn doch als den Allliebenden zu verehren, ebenso wenig wie es sie stört, Gott für gnädige Errettung zu danken, wenn sie auf Kosten eines anderen vorwärts kommen Diese Harmlosigkeit ist aber nicht dauernd möglich, und an ihre Stelle tritt nun ein quälendes Entweder – oder. Entweder alles ist Liebe oder alles ist Kampf. Entweder man versteht die Welt nur aus Selbsterhaltungsinteressen oder nur aus Mitgefühlen. Diese quälende Unsicherheit ist formell von großer Schärfe. Es gibt keine einigermaßen erträgliche logische Vermittelung zwischen beiden Gedankenreihen. Entweder wir sind Wölfe oder wir sind Lämmer. Entweder wir wollen herrschen oder wir wollen liebend leiden. Entweder wir gehen mit Bismarck oder mit Tolstoi. Entweder das Evangelium von der gepanzerten Faust oder das Evangelium der Brüder vom gemeinsamen Leben! Es scheint mir, dass niemand das Christentum in seiner ganzen schweren Kraft verstanden hat, der nicht in diesem Gegensatz seine eigene Seele hat fast zerbrechen gefühlt. Der Weg zum Glauben geht durch diese enge Pforte. Man muss mit Wissen Und Willen sich von der Unvereinbarkeit der Heilsgedanken und der Weltgedanken überzeugt haben, ehe man weiß, weshalb Jesus sterben musste. Wer nun Apostel Christi sein und bleiben will, der wird auf dieser Stufe des Gegensatzes stehen bleiben müssen. Wer aber nicht Missionar und Prinzipienvertreter sein will, sondern im wirklichen allgemeinen Leben arbeiten und schaffen, der ist gezwungen, sich aus dem Gegensatz wieder herauszufinden. Das Leben selbst ist größer als alle Prinzipien, die ja nur aus ihm entnommene Gedankenreihen sind. Der Dom ist höher als die in ihm enthaltenen Stile. Das Leben braucht beides, die gepanzerte Faust und die Hand Jesu, beides je nach Zeit und Ort. Und zu wissen und zu fühlen, wann das eine und wann das andere nötig ist, das ist die Kunst, an der wir alle lernen. Theoretisch haben wir alle immer unrecht, denn theoretisch müssten wir alle entweder ganz dem Cäsar oder ganz dem Nazarener folgen. Theoretisch ist keiner von uns rein und völlig destilliert, aber die Theorien selbst sind ja nur Hilfskonstruktionen zum Ertragen des Daseins, sie sind unsere Werkzeuge und nicht unsere Herren.

Ein theoretisch reiner Christ ist innerhalb der Welt nicht möglich. Man gehe zum Papst, zum Oberhofprediger, zum Mönch, zum Professor, zur frommen Dame, zum frommen Geschäftsmann, zum frommen Landmann, zum frommen Bettler-, zum frommen alten Mütterchen: überall ist eine Naturgrundlage selbsterhaltender und kämpfender Klugheit mit dem Geiste der Hingabe und Bruderliebe verbunden! Überall ist Christentum ein Teil des Lebens, nicht das ganze Leben selbst. Es ist wie reiner Sauerstoff, der in seiner Reinheit nicht geatmet werden kann. Was wollen wir nun sagen? Wollen wir diesen Zustand endlos beklagen oder wollen wir ihn einfach als vorhanden anerkennen? Das zweite scheint mir wahrhaftiger und innerlich sauberer als das erste. Was man nicht ändern kann, muss man sich zunächst in seiner ganzen Härte verdeutlichen, ehe man innerlich damit fertig werden kann. Kurz, ich weiß, dass wir alle, um leben zu können, die Naturbedingungen des Kampfes ums Dasein als Grundlage unserer Existenz erfassen müssen, und dass wir erst auf dieser Grundlage die Freiheit haben, die höhere Sittlichkeit des Evangeliums zu verwirklichen, soweit es auf dieser Grundlage irgend möglich ist Das ist in meinen Augen die einzige Möglichkeit, um nicht unwahr zu werden. Sobald wir sagen, wir hätten nur das Prinzip der Liebe, kommen wir nie dazu, frei vor Gott und Welt etwas zu tun, was als Härte wirkt. Solches zu tun, ist aber oft um des Lebens willen nötig.

24.

Also ich soll noch einmal auf das von mir gebrauchte Wort zurückkommen: »Die Nachfolge des Weltgottes ergibt die Sittlichkeit des Kampfes ums Dasein, und der Dienst des Vaters Jesu Christi ergibt die Sittlichkeit der Barmherzigkeit.. Es sind aber nicht zwei Götter, sondern einer. « Sie wollen wissen, ob es denn wirklich zweierlei Sittlichkeit gibt, oder ob nicht das, was wir den Kampf ums Dasein nennen, die Unsittlichkeit an sich ist, die Missachtung der Moral, die Proklamation der Selbstsucht.

Ich bitte Sie, sich in den Zustand eines kleinen vom Feind verfolgten Volksstammes hineinzudenken. Dieser Stamm will sich erhalten. Das kann man Stammes-Egoismus nennen, aber dieser Egoismus der Sippe hat mit der schlechten Selbstsucht des Einzelnen nichts zu tun. Jeder einzelne ist bereit, sich zu opfern, und zwar nicht für eine allgemeine Idee, nicht für das Reich Gottes, sondern eben nur für den Stamm. Das ist das höchste und fast einzige Gut geworden. Um dieses Gutes willen kann er unmenschlich werden und rücksichtslos sein bis zum Verachten der Familienbande. Er ist imstande, alle Gebote Gottes zu zertreten, nur um sein Sippschaftsleben zu retten. Dieser Mensch ist nicht ohne Moral, aber er ist durchaus kein Christ, und seine Moral ist älter als die christliche, denn sie war schon die Moral, mit der einst Israel unter die Kananiter zog. Als Samuel das Wort sprach: »Gehorsam ist besser denn Opfer« (1. Buch Samuel 15), da verstand er unter Gehorsam diese Moral und als der Dichter des 137. Psalms sang »wohl dem, der deine jungen Kinder nimmt und zerschmettert sie an dem Stein«, da war er himmelweit entfernt von der Bergpredigt. Er gehörte in die Heidenwelt hinein, und diese Welt ist noch heute nicht tot.

Warum ist sie nicht tot? Weil auf ihren Grundsätzen das natürliche Leben aufgebaut ist, und weil kein Christentum dieses natürliche

Leben beseitigen kann. Auch die christlichen Völker sind als Völker Heiden gewesen und haben eine Heidenmoral gehabt. Professor Sohm hat recht, wenn er noch heute sagt, dass der Staat ein Heide ist. Ist der Staat, der Rechtsstaat, der Zwangsstaat, ohne Sittlichkeit? Nein! Aber er ist ohne Christentum, denn sein Element ist nicht die allgemeine Liebe, und sein höchstes Ziel ist nicht die Menschheit.

Auch der Staat fordert Hingabe, aber eben an sich. Ebenso tut es die kämpfende Klasse, zu der jemand gehört. Die Arbeit einer Gewerkschaft ist voll von Opfern und Gemeinschaftsleistungen ist durchaus das Gegenteil von undisziplinierter Zuchtlosigkeit, weit entfernt von wilder Einzelbegier. Sie regelt, ordnet, bändigt, leitet die einzelnen, aber ihr Ziel ist: wir wollen gewinnen! Die Art, wie sie den Einzelnen regelt, kann der christlichen Art sehr verwandt sein, nimmt wohl bisweilen ihre Worte und Gedanken vom Christentum herüber, aber grundsätzlich will die Gewerkschaft nicht allen dienen, sondern sich. Das haben zarter empfindende Christen, die in Klassenkämpfe hineingezogen werden sollten, immer gefühlt, und deshalb haben sich viele von ihnen überhaupt gesträubt, sich am Kampfe zu beteiligen. Was sie taten, erscheint uns falsch. Sie hätten sich beteiligen sollen. Es erscheint uns aber erklärlich, denn sie waren gewöhnt, nur eine Moral als möglich anzusehen: entweder erwerbende Menschen zu sein oder Christen. Sie übersahen, dass es im kapitalistisch erwerbenden Zeitalter die stille Genügsamkeit von Einzelnen und Klassen ohne Todesgefahr nicht mehr geben kann, und dass es Pflichten sind, die in den Worten Staat und Klasse enthalten sind, Pflichten, wenngleich kein Evangelium im Sinne Jesu.

Im Mittelalter und weit darüber hinaus gab es einen großen, alles abendländische Leben umfassenden Begriff: die Christenheit. Das war die große Familie, in der sich alles nach einer einheitlichen Moral regeln sollte. Alle Stände, alle Stämme waren nur Familienglieder einer Einheit, die zwar in Wirklichkeit sich stritten, deren normales Verhältnis aber als Friede und Harmonie gedacht wurde. Dieser Einheitsgedanke war der innerste Kern des Katholizismus. Die Folgen dieses Gedankens waren, dass man alle besonderen Selbständigkeiten dämpfen musste. Weder der Staat, noch die Wissenschaft, noch der Erwerb waren eigenen Rechtes. Sie alle wurden bevormundet, damit die Zwiespältigkeit der Moral verdeckt bleibe, soviel es möglich ist. Das Gesamtergebnis aber war eine Hemmung von Energie, ein Fesseln von Kräften, eine allgemeine Entmoralisierung im Namen der Moral. Die lebendigen Schaffenskräfte werden angebunden, und es war Moral, was diese Fesseln der Christenheit brach, die neue Moral des selbstverantwortlichen Einzelwesens, die Moral der Persönlichkeit.

Die Persönlichkeit, das Ich wollte sich entfalten. War das kein Fortschritt? Aber war es nicht gleichzeitig der Verlust des alten Harmoniegedankens? Der Naturuntergrund erhob sich mit seiner Moral gegen die Moral der Bevormundung. Und es war nicht nur Naturmoral, was sich erhob, denn im Persönlichkeitsgedanken steckt urchristliches Mark. Sicher nur ist, dass mit dem Bruch des Mittelalters die alte Freudigkeit, alles als Einheit aufzufassen, dahin ist. Es gibt seitdem das Ich, den Staat, die Klasse, das Volk, es gibt große und kleine Individualitäten, die ihre eigenen Ziele, Rechte und Sittlichkeiten haben. Das Peinliche aber für den Einzelnen ist, dass er seitdem nicht nur einem Körper anzugehören glauben kann. Er ist gleichzeitig Mitglied der verschiedenen Verbände, und der Kampf, der sich früher im großen Körper Christenheit abspielte, ist nun in seine eigene Seele verlegt. Er als Einzelner soll den Ausgleich zwischen den verschiedenen Pflichten vollziehen, die an ihn herantreten. Er soll Handwerfer, Staatsbürger und auch Christ sein. Das ist Protestantismus, in der Tat keine leichte Aufgabe.

25.

Von da aus versuche ich über Christentum und Militarismus zu sprechen.

Militarismus ist die Grundlage aller staatlichen Ordnung und bürgerlichen Wohlfahrt in Europa. Dieser Satz klingt schwer und schrill in alle weichen Lebensauffassungen hinein. Ich meinesteils aber bin von seiner Wahrheit tief überzeugt, obwohl ich die Blutströme der Kriege, die gebrochenen Lebensläufe der Verwundeten und die wirtschaftlichen Störungen bei Freund und Feind kenne. Sagen Sie alles, was Sie gegen das Militär wissen! Es wird alles richtig sein, denn niemand kann die Schlachten gräulicher beschreiben als sie sind. Und dann gehen Sie mit mir in Länder, wo früher Militarismus war und heute keiner, in die Länder am Mittelmeer. Wer da nichts sieht, was der Zusammenbruch der römischen Militärherrschaft bedeutet, dem ist nicht zu helfen. Alle Schäden der Militärmacht sind gering gegen die Notlage eines Landes, in dem es keine derartige Herrschaft gibt. Mangel an Militär bedeutet in Wirklichkeit Ruinen, Zerfall, Bettelei und Krieg aller gegen alle. Je kleiner und unentwickelter die Heereskörper sind, desto größer ist die beständige Kriegsgefahr. Der Zustand, den wir erleben, der bewaffnete Friede, ist nicht schön, aber er ist besser als alle früheren uns geschichtlich bekannten Zustände. Ich lobe ihn nicht, weil er etwa das Ideal ist, sondern nur, weil er größere Nöte abhält. Alle unsere Kultur würde den Weg der arabischen Kultur gehen, wenn wir militärisch schwach würden. Die Zukunft, insbesondere des Germanentuns, hängt an der Erhaltung des militärischen Sinnes in der Bevölkerung Wir werden zerdrückt, sobald wir die letzten Reste alter deutscher Heldenhastigkeit und Waffenkraft darangeben. Das glaube ich, und wer mir nun mit irgendwelchen Moralpredigten diese Überzeugung ausreden will, dem bestreite ich einfach das Recht, die Erfahrung der ganzen Geschichte nach seiner Idee von gut und böse drehen zu wollen. Der Kampf ums Dasein hat die Völker gelehrt, Panzertiere zu sein. Ohne Rüstung sind sie wie Schalentiere ohne Schalen.

Ob dieser Standpunkt christlich ist? Jedenfalls hat ihn Jesus nicht vertreten! Die ganze Denkweise Jesu ging nicht in dieser Richtung. Man mag anführen, dass er eher für als gegen den römischen Cäsar gesprochen hat, dass er große Kriege in Zukunft kommen sah und dass er mit Vertretern der Militärmacht menschlich verkehrte. Das alles aber macht ihn noch nicht zu einem Vertreter des Machtgedankens. Wer also nur das für christlich hält, wofür er direkte Worte Jesu anführen kann, der muss darauf verzichten, sich für die Staatserhaltung durch das Waffensystem zu entscheiden. Aber lässt sich denn der christliche Gedanke der Bruderliebe überhaupt ohne die Grundlage der Staatsordnung verwirklichen?

Es hat nicht an Versuchen gefehlt, aus christlichen Gemeinschaftsgedanken heraus sich einen Staat auszudenken, der besser sein soll als der Staat, der aus Macht und Zwang geboren ist. Das alles sind aber nur leere Gedanken, weiter nichts. Einen Staat, der nicht das Knochengerüst des Militarismus hätte, gibt es nicht. Also entweder man wagt es, staatslos sein zu wollen, man wirft sich der Anarchie freiwillig in die Arme, oder man entschließt sich, neben seinem religiösen Bekenntnis ein politisches Bekenntnis zu haben.

Als das Christentum kam, fand es die griechisch-römische Kultur vor. Ehe Jesus geboren ward, entstand das Reich des Augustus. In dieses Reich und seine Kultur kam das Evangelium hinein als eine neue Welt der Gedanken und Gefühle, aber nicht als völlig neue Kultur. Es lehnte vieles von der alten Kultur ab, verwarf aber diese Kultur nicht von vornherein. So entstand von Anfang an eine Mischung von Staatskultur und Glaube. Diese Mischung ist, wie jede solche Mischung, nicht ohne Trübungen, Unklarheiten und Zweifel. Aber der weitere Verlauf hat gezeigt, dass das Christentum nicht imstande und auch nicht willens war, den Staat als solchen entweder zu beseitigen oder völlig zu ändern. Diese Geschichtstatsache ist es, aus der ich mein Recht herauslese, für den Staat und seine Machtmittel und dabei Christ zu sein. Ich suche die Verwirklichung des Christentums deshalb im Staat, in der durch Zwang und Naturbedürfnis entstandenen

Gemeinschaft. Das ist weniger als viele Prediger verlangen, aber mehr weiß ich nicht zu leisten. Nennen Sie das ein Bekenntnis von Schwäche, so werde ich dieses Ihr Urteil zu tragen wissen und dennoch weiter an Ihre Freundschaft glauben. Oft habe ich mich, wenn ich für Flotte agitierte, gefragt: würde das Jesus auch getan haben? Wohl nicht! Aber er würde gewusst haben, dass es Leute geben muss, die es tun. Er sagte, dass sein Reich nicht von dieser Welt ist, aber Menschen, die in dieser Welt leben und wirken wollen, müssen sich über die Grundbedingungen der weltlichen Kultur gerade so klar sein wie über die Beziehungen der Seelen zu Gott.

26.

Jesus war nicht der Schöpfer der griechisch-römischen Staatskultur; das war das Werk von Alexander und Cäsar. Jesus ist aber auch nicht der Beendiger dieser ganzen Staatskultur. Er war nicht grundsätzlicher Staatsfeind. Was er bietet, ist ein Zusatz zur damals vorhandenen Kultur, ein Zusatz, dessen Wert, Kraft und Güte gar nicht hoch genug geschätzt werden kann, aber doch eben ein Zusatz. Er beginnt nicht damit, die ganzen Grundlagen der menschlichen Kulturgemeinschaft neu legen zu wollen, sondern übernimmt ohne weiteres einen vorhandenen Bestand. In diesen vorhandenen Bestand gießt er seine Gedanken hinein, die nicht weltlich, egoistisch; militärisch, politisch sind. Diese Gedanken wirken im alten Bestand wie neue Säure in alter Batterie, zerfressen einen Teil des alten Staatsmetalls, werden aber nicht selbst ein neues Cäsarenmetall an Stelle des alten. Je reiner Jesus gepredigt wird, desto weniger ist er staatsbildend, und wo das Christentum konstruktiv auftreten wollte, das heißt, staatsbildend, kulturbeherrschend, da war es am weitesten entfernt vom Evangelium Jesu.

Das heißt nun in der Praxis: wir konstruieren unser staatliches Haus nicht mit den Zedern vom Libanon, sondern mit den Bausteinen vom römischen Kapitol. In diesem Haus aber soll Jesus noch heute sein Evangelium verkünden wie einst im römischen Hause. Deshalb fragen wir Jesus nicht, wenn es sich um Dinge handelt, die ins Gebiet der staatlichen und volkswirtschaftlichen Konstruktion gehören. Das klingt hart und schroff für jeden christlich erzogenen Menschen, scheint mir aber gut lutherisch zu sein. Luther war inmitten der großen Kämpfe seiner Tage in dieser schwierigen Frage nicht immer von gleicher Klarheit und Bestimmtheit Es finden sich bei ihm bisweilen Versuche, biblische Gedanken zu Staatsregeln zu machen, aber dann, wenn er grundsätzlich vor das Problem gestellt war, besonders im Kampfe mit Karlstadt und Münzer, war er von rücksichtsloser und herrlicher Klarheit und schied geistliche und weltliche Dinge mit der ganzen Kraft seines Geistes und Temperamentes. Staatliche Dinge sind nach ihm nicht aus dem Evangelium heraus zu entscheiden, sondern können von Juden und Heiden geradeso gut entschieden werden wie von Christen, da zu ihrer Regelung nichts gehört als die Vernunft, nicht die Offenbarung. Diese lutherische Scheidung der Gebiete, die uns zeitweilig als Verkürzung des Einflussgebietes des Christentums dem Christentum etwas von seinen Rechten zu nehmen schien, hat sich bei tieferer Durchdringung des Stoffes auch für uns als richtig ergeben. Wir kehren zum alten großen Doktor deutschen Glaubens zurück, indem wir politische Dinge als außerhalb des Wirkungskreises der Heilsverkündigung betrachten. Ich stimme und werbe für die deutsche Flotte, nicht weil ich Christ bin, sondern weil ich Staatsbürger bin und weil ich darauf verzichten gelernt habe, grundlegende Staatsfragen in der Bergpredigt entschieden zu sehen.

Dass diese Haltung einen Mangel innerer Einheitlichkeit in sich schließt, habe ich schon zugegeben. Dieser Mangel ist besonders dann peinlich, wenn Machtfragen sich mit Humanitätsfragen eng ineinander flechten und man schwer weiß, ob man sich eben gerade innerhalb des einen oder anderen Denkkreises zu befinden hat. Alle schwereren Zwangslagen des öffentlichen Lebens entstammen solcher Verflechtung. Wer aber ist, der hier Generalformeln für alle möglichen Fälle liefern könnte? Und wen gibt es, dessen Weltanschauung von solchen dunklen Partien frei wäre? Man greife irgendeinen der Denker heraus und frage ihn vor bestimmten Einzelfällen, ob er genau sagen kann, wo sein Prinzip anfängt und aufhört! Auch der Vertreter des reinsten Egoismus muss irgendwo dem Gemeinschaftsgeist, auch der reinste Sozialist muss irgendwo dem Recht der Einzelperson zu huldigen anfangen. Wo die Stelle ist, sagt kein Lehrbuch, das ist Sache des Gewissens und der Lebenskunst Wir Christen haben es nicht leicht, mit unserem Christentum inmitten eines außerchristlichen Lebens zu stehen, an dem wir teilnehmen; aber was uns auferlegt ist, ist doch im Grunde nichts anderes als die Last, die alle Ideenvertreter zu tragen haben, die sich auf gegebenem Boden praktisch betätigen wollen.

Das aber, was ich als Politiker über die Stellung der Politik zum Evangelium ausgeführt habe und Ihrer Frage entsprechend ausführen musste, ist gleichzeitig meine Antwort auf viele ähnliche Fragen. Der Jurist muss ähnlich zum Recht stehen, der Kaufmann ähnlich zum Geschäft. Und wer von allen denen, die heute erwerben, ist nicht irgendwie Kaufmann? Die Lebensverhältnisse selbst sind gegebene Großen, und der Spielraum dessen, was wir frei gestalten können, ist gering. Innerhalb dieses freien Spielraumes aber bewegt sich gerade unser persönlichstes Ich, und hier ist der Platz, wo die Welle von Jesus am unmittelbarsten in unser Wirken hineinflutet. Jeder von uns ist in vielen Dingen Knecht und gehorcht einem ehernen Zwange, einer äußeren Macht oder einer Logik, die in den Dingen selber liegt; dort aber, wo wir frei sind, wo dieser Zwang und diese Logik aufhört, wo wir fühlen, dass wir keine absolut gebundene Marschroute haben, da ist der Teil unseres Leben, wo wir am ersten Jesu Diener sein wollen.

27.

Jeder von uns ist in vielen Dingen Knecht! Das wird uns im Schloss und in der Tagelöhnerwohnung bestätigt werden. Jeder von uns kennt das Seufzen: ich möchte gern so sein, wie es meiner innersten Anlage entspricht, aber ich bin leider Produkt meiner Verhältnisse! Wer ist nicht im Banne von Gewohnheiten, die er mitmachen muss, ohne dass er sie billigt? Wir laufen wie Tiere im Käfig. Ob man das, was uns bindet, als Sitte, Unsitte Gesellschaftsform, Wirtschaftsverhältnis oder sonst wie bezeichnet, ob man es Sünde, Erbsünde, Tradition oder Autorität nennt, immer ist es unsere Gebundenheit, unsere Unfreiheit, die wir beklagen. Aus dem Gefühl solcher Gebundenheit heraus schrie Paulus: Ich elender Mensch, wer wird mich erlösen von dem Leibe dieses Todes? Wir rütteln an den Stäben unseres Gefängnisses – und drüben, im lichten Nebel der Vergangenheit, geht der freie Mann, Jesus von Nazareth, da geht die Persönlichkeit selber, der Traditionslose, Gesellschaftlose, Erwerbslose, der kühne Mann, der sich über Moses stellte, der sich mit den Zöllnern und Sündern zu Tisch setzte, der für kein Morgen sorgte, ein Mann von unerklärlicher Ungebundenheit Diesen Mann im Nebel gehen zu sehen, ist von unbeschreiblicher Wucht. Es demütigt und es weckt auf. Es gedeiht uns, um in alter Sprache zu reden, zur Buße und zum Glauben. Wie Morgenwind weht es um ihn herum. Noch liegen die Dörfer im Schatten, noch weiß der Wald nichts von sich selber, noch flattert zackiges Grau am unklar durchleuchteten Himmel. In solcher Morgendämmerung wandert er, er allein. Man sieht seine braven Trabanten nicht, nur ihn. Der Morgenwind bläst in sein Gesicht, der nasse Tau legt sich auf sein Haar, ich sehe schließlich nur noch seine Augen. In den Lüften aber ist Bewegung, die mich an das Wort erinnert: so euch der Sohn Gottes freimacht, so seid ihr recht frei! Er ist das am reinsten herausgearbeitete Ich der Menschengeschichte. Wer danach verlangt, ein Ich zu sein, gehe zu ihm! Wer es lernen will, den Tod nicht fürchten, Schmach verachten, Undank überwinden, Verkennung nicht schätzen, Gerichte über sich ergehen lassen, Schmerzen dulden, zu arbeiten ohne Frucht zu schauen, sich auszugeben ohne Gegengabe, wer es lernen will, alte Herrschaften angreifen, Pietät zerstören, neue geistige Welten bauen, kleine Seelen vergrößern, in der Welt über der Welt sein, der rufe ihn! Sein Personengehalt ist völlig unabhängig von allem, was sich sonst zwischen damals und jetzt geändert hat. In dieser ewigen Persönlichkeit richten wir uns auf.

Neulich saß ich in der Kirche. Es war eine rote, gotische Backsteinkirche. Was hat Jesus von Palästina in einer solchen Kirche zu tun? Über dem Altar war ein Bild; das sollte er sein! Auf den Glasfenstern waren auch Bilder von ihm – wieder anders als jenes! Vorn im Gesangsbuch war er, weich und schmelzend wie weibliche Sehnsucht. Wir sangen von ich: höchste Majestät, König und Prophet! Dann hörten wir, er habe zehn aussätzige Leute durch geistige Willenswirkung gesund gemacht. Dann baten wir ihn: Herr bleibe bei uns, wenn wir sterben sollen! Das letzte Wort war: Die Gnade Jesu Christi. Da dachte ich bei mir: Komm, Herr Jesus! Da erwachte eine unbändige Lust, ihn mit aller seiner groben Größe in dieses weiche Wasser hineinwerfen zu können, nur damit etwas von·seiner merkwürdigen Freiheit hier gemerkt werde. Wäre Jesus so süß gewesen wie der Mann mit dem roten Wollkleid dort auf dem Glasfenster, dann wäre kein Kreuz nicht zu erklären, und dann wäre schwer zu verstehen: Himmel und Erde werden vergehen, aber meine Worte werden nicht vergehen! Alles an ihm ist über Menschenmaß. Gerade diejenigen aber, die nicht genug von seiner wahren Gottheit reden können, sind es oft, die ihn uns klein machen, weil sie ihn als Anbetungsgegenstand in das Gold ihrer eigenen Bravheit und Regelmäßigkeit hineinstellen. Jesus war der freie Blitz, der vom Aufgang bis zum Niedergang zuckte, und dessen blendende Lichtbäche den Himmel durchfurchten. Die Kirche aber verwendet seine Elektrizität auf Drähten, mit denen sie telegraphiert und telefoniert, nur fürchtet sie, es möge einmal wieder originalen Blitz geben, denn das würde das System der Drähte sehr stören. Sie mag ruhig sein. So wie er gewesen ist, kommt er nicht wieder. Er wird keine Konsistorialsitzung durch seine Wiederkunft belästigen. Man mag nur

ruhig weiter telefonieren! Aber Menschen wird es geben, die vom ord-
nungsmäßigen Betrieb der Jesusverehrung nicht ganz befriedigt sind,
und die doch nicht von ihm sich freimachen können, da er ihre innere
Freiheit erst geschaffen hat. Solche Leute sind es, mit denen ich mich
innerlich einig weiß. Wir wissen, dass wir nicht imstande sind, Jesu
Größe, wie wir sie an seinem Wort erleben, ohne weiteres allen mitzu-
teilen. Es gehört etwas Geduld und etwas eigenes Ich dazu, sie zu finden. Einfacher ist es, das Unpersönliche an Jesus den Mittelpunkt zu
rücken. Die aber, die seine freie heilige Person gefunden haben, haben
in ihr Ersatz für das, was sie im Übrigen verloren haben: eine einheitliche Lehre über alles, was da war, ist und sein wird.

28.

Das soll also die letzte Frage sein, die uns beschäftigt, ob die Art inneren Lebens, die ich vor Ihnen dargestellt habe, noch Religion heißen kann? Es handelt sich dabei nicht um eine bloße Wortfrage. In der Frage nach dem Wort Religion liegt die Frage, ob unsere Glaubensgedanken denselben Wert für uns haben können, den frühere Glaubensgedanken für Geschlechter gehabt haben. Mit anderen Worten: sind wir auf dem Wege, Religion überhaupt zu verlieren oder nicht? Sie erinnern sich, mein Freund, dass wir dieser Frage schon einmal nahegetreten sind Damals handelte es sich darum, ob es Völker ohne Religion geben werde. Jetzt handelt es sich darum, ob das, was wir als Religion bekannt haben, genug ist für den Bedarf steigender moderner Völker.

Und wenn es nun nicht genug ist! Dann arbeitet das Bedürfnis, bis es Befriedigung findet. Gerade das gehört ja zu unserer Natur- und Geschichtsauffassung. dass wir bei allen lebenskräftigen Völkern die Not als Schöpferin neuen Werdens kennen. Wo der Lebenstrieb erstirbt, da führt Mangel nur zu immer größerem Mangel, aber wer da hat, dem wird gegeben, wer Lebenssaft besitzt, der macht aus. wenigem viel. Unser Volk ist, Gott sei Dank, in aufsteigender Periode. Ihm traue ich zu, dass es nicht am Ende seines religiösen Geisteslebens ist. Es hat die Anfänge einer naturgeschichtlichen, entwicklungsgeschichtlichen Erfassung der Dinge in sich aufgenommen. In diese Erfassung soll die Religion einbezogen werden. Kein Wunder, wenn zunächst gemerkt wird, was dabei wegfällt, und wenn nur langsam und zaghaft empfunden wird, was dabei an neuen Werten zuwächst. Nichts kann uns lieber sein, als unsere Nachkommen so reich an neuen inneren Gütern zu denken, dass wir uns vorstellen, wie sie uns wegen der Armut unserer Übergangsgedanken bedauern. So aber stehe ich zur Sache, ich sehe die Krisis des Glaubens, in der wir uns befinden, nicht als Krankheit zum Tode an, sondern als natürlichen

Erweiterungsprozess. Die Sache ist ernst und nicht ungefährlich, aber es liegt keinerlei Ursache zur Mutlosigkeit vor. Nur dann, wenn wir überhaupt an der Zukunft der Deutschen-verzweifeln müssten, hätten wir ein Recht, ihre religiöse Kraft für erloschen zu erklären. Das Volk, das Kant, Fichte, Schleiermacher und Hegel gehabt hat, braucht ja nur seiner Geistesväter Hinterlassenschaft nachzuprüfen, wenn es Mangel empfindet. Da finden sich noch Gaben genug für Seelen, die ewiges Brot suchen, und zwar Gaben, die es ohne Jesus nicht geben würde. Was davon noch wieder lebendig werden wird, wissen wir heute noch nicht. Sicher ist, dass wir noch nicht am Ende stehen.

Wenn also der Glaube, den wir bekennen, einer weiteren Zukunft nur als Hilfsglaube einer Übergangszeit erscheinen mag, so ist das für uns noch nicht schlimm, die wir ihn als unser geschichtlich gewordenes Teil ansehen. Wenn er in vielen Dingen unsicher ist, voll von schwebenden Stimmungen und arm an katechismusartiger Lehre, so ist das noch kein Gegenbeweis dagegen, dass er für uns gerade so recht ist, da wir gelernt haben, über alle Lehrsatzungen bescheiden zu denken. Wenn er nicht unser ganzes Erdenleben füllt und nicht alle Lebenstätigkeit regelt, so war das im Grunde niemals anders. Es ist genug, übergenug, was er uns bietet, um in ihm und durch ihn glücklich zu sein.

Einst war Religion das ganze Geistesleben überhaupt. Die ganze mittelalterliche Kultur war theologisch. Das hat aufgehört. Ein Zweig des Wissens nach dem anderen hat sich seine eigene Art des Arbeitens geschaffen. Die Religion wird je länger desto mehr eine innerliche Seelenfrage. Als Seelenfrage aber ist sie unserem Zeitalter so klar wie nur irgendeinem früheren. Die Seele sucht Unabhängigkeit von der Welt durch Anschluss an Gott, Freiheit von der Endlichkeit durch Anklammerung an den Unendlichen Diesen unendlichen Gott sucht sie mit sehnender Liebe und findet ihn in dem Kampf ums Dasein ebenso wie in der Geschichte Jesu von Nazareth und seiner Jünger. Nie kann sie sagen, dass sie fertig sei mit seiner Erkenntnis, aber gerade dieses rastlose Greifen und Suchen nach dem Lebendigen gehört von alters her zur wirklichen Religion. Jedes Vertiefen in die Urkunden des Glaubens der vergangenen Zeiten zeigt, dass das seelische Wesen der Religion trotz aller Veränderungen der äußeren Denkweise nicht anders geworden ist, ein Punkt, auf den mit Recht Harnack hinzuweisen pflegt. Wir fühlen uns im Grunde doch allen denen verwandt, die jemals in der großen Legion der Glaubenden gedient haben. Ihr Herzschlag ist für uns nicht tot. Ihre Empfindungsweise berührt wie Luft der Heimat. Darum rührt es uns auch wenig, wenn frommer Übereifer uns etwa einen kleinen Strafplatz irgendwo Im Vorhof der Heiden anweisen möchte. Auch dort ist der Allgegenwärtige, dem wir gehören.

Und damit sei es genug des Schreibens und Bekennens! Ich danke Ihnen, mein Freund, dass Sie mir durch ihre offene Frage Veranlassung gaben, meine religiöse Stellung erneut durchzudenken. Jetzt aber ist es für mich nun Zeit, nach mehr als acht Jahren regelmäßiger Aussprache über Religion, einmal den Mund bis weiteres zu schließen. Religion nämlich besteht nicht nur im Reden, sondern oft ebenso sehr im Schweigen. Damit leben Sie wohl! Gott sei mit Ihnen!

Ihr treu ergebener Naumann.

Nach 13 Jahren

Als ich vor etwa dreizehn Jahren die »Briefe über Religion« schrieb, waren sie ein Stück meiner eigenen Lebensgeschichte, nämlich der Abschied von meiner Theologenzeit. Ich wollte mir und anderen sagen, mit welchen Gedanken ich die geistliche Tätigkeit in der ersten Hälfte meines Lebens geführt hatte und was ich von ihr ins weitere Dasein mit hinausnahm. Inzwischen nun ist die Welt weitergegangen bis in den großen Krieg hinein, und viele andere Arbeit hat in mannigfaltigem Wechsel meinen Kopf und mein Gemüt erfüllt. Ich habe sehr viel Stoffs neu in mich aufnehmen müssen, habe Länder und Völker kennengelernt und bin geistigen Strömungen nahegetreten, die ich damals nur in weiter Ferne sah. Es ist darum nicht mehr ganz derselbe Mensch, der heute dieses Büchlein in die Hände nimmt, und doch im Grunde derselbe, denn zwischen damals und jetzt liegt für mich kein Bruch, sondern nur eine Weiterentwicklung. Ich lese meins Büchlein, wie ich ein früheres Bild von mir ansehe, ein Bild mit mehr Jugendlichkeit und weniger Schwere des Lebens. Aber gerade so ist mir selbst diese Schrift lieb und ich will sie gar nicht ändern, denn das würde sie nicht bessern. Sie soll bleiben, wie sie ist, auch in ihren zeitgeschichtlichen Zügen! So wird sie auch jetzt noch ihre Leser suchen als ein persönliches Bekenntnis für Menschen, die etwa in der gleichen Lage sind, in der ich war, im Übergang vom guten alten Haus- und Kirchenchristentum zu einer Weltanschauung, die es ernst meint mit der Aufnahme der neueren Erkenntnisse und der gegenwärtigen staatlichen und sozialen Pflichten, die aber dabei nicht geschichtslos das seelische Erbe der Väter und Großväter verlieren will. Für zwei Arten von Menschen sind die »Briefe über Religion« nie geschrieben gewesen, für die Streng-Kirchlichen und für die Streng-Antichristlichen. Diese haben ihre eigene andere Literatur. Ich rede mit denen, die in der Mitte stehen zwischen Väterglaube und Entwicklungslehre. So habe ich einstmals diese Briefe in mir selbst entstehen sehen und so schicke ich sie nochmals aus, solange es Leute gibt, die gerade das brauchen.

Dabei ist nach meinem Eindruck diese Schrift inzwischen weniger veraltet, als manche meiner politischen Arbeiten aus etwa der gleichen Zeit, weil alle Bewegung und Umformung im seelischen Leben viel langsamer und schrittweiser vor sich geht als im politischen. Zwar die Hauptbedingungen des politischen Lebens ändern sich in Friedenszeiten auch nur in sehr kleinen Verschiebungen, aber das Beiwerk der Politik ist sehr veränderlich: die Personen, Streitgegenstände, Parteigruppierungen. Von solchem Beiwerk ist die religiöse und philosophische Entwicklung viel freier, sobald sie seelisch begriffen wird. Man merkt erst in längeren Zeiträumen, dass ein altes Geschlecht mit seinen Gedanken und Formulierungen sachte dahingeht, um einem neuen Platz zu machen, das auch meist mir leise anders ist als das vorhergehende. Beim erneuten Durchlesen der »Briefe über Religion« habe ich zwar an nicht wenigen Stellen die Empfindung, dass man heute die Sache schon wieder etwas anders ausdrücken müsste als damals, wenn man ganz in der vordersten Linie des Geschehens bleiben will, aber alle diese Änderungen machen doch für den Grundgedanken wenig aus und würden nach abermals dreizehn Jahren wieder irgendwie veraltet sein. So sind die zwei Hauptköpfe, mit denen ich mich auseinandersetze, Darwin und Marx, inzwischen etwas weiter ins graue Reich der vergangenen Väter hineingerückt. Die rastlose Arbeit hat ihren Sätzen weiter nachgedacht und das, was sie in großem Wurfe ahnten, nun im Einzelnen teils bestätigt, teils umgestaltet, teils beiseitegeschoben. Das geht sogar so weit, dass bisweilen gerade diejenigen, die am offenbarsten auf der Grundlage dieser Männer stehen, ihnen am lautesten den Abschied geben, weil ihr Interesse bei den inzwischen aufgetauchten neueren Unterschieden liegt. Man soll sich aber durch diese Kritik der Nachfolgenden nicht allzu scheu machen lassen, denn die Aufwerfer so großer Weltfragen sind nicht dadurch erledigt, dass ihnen Lücken ihrer Kenntnis, Dialektik oder Prophetie nachgewiesen werden. Sie hören zwar auf, unbedingte Autoritäten einer auf sie eingeschworenen Schule oder Jüngerschaft zu sein, aber dieses Aufhören ist zu einem guten Teil gerade die Weiterwirkung des Anstoßes, den sie gegeben haben. Ähnlich steht es auch mit Bismarck. Seine einzelnen politischen Sätze und Handlungen werden immer mehr historisch im Sinne der Unbrauchbarkeit für den gegenwärtigen Tagesdienst, damit aber ist doch das längst nicht ausgeschöpft, was er für uns im Krieg und nach dem Krieg zu bieten hat. Keiner der drei Genannten wurde auf seinem Gebiet inzwischen durch einen gleichgroßen neuen Wegbahner ersetzt. Insofern ist die geistige Lage in ihrem Kern noch heute die gleiche wie bei Abfassung dieser Schrift.

Und auch auf dem Gebiet der christlichen Lehre und der mit ihr verwandten idealistischen Philosophie finde ich keine so starken Veränderungen, dass deshalb der innere Aufbau dieser Briefe umgeworfen werden müsste. Sicherlich kann man sagen, dass die lehrhafte Darstellung des evangelischen Glaubens (vom katholischen Gebiet kann ich zu wenig aus eigener Kenntnis mitreden) im letzten halben Menschenalter nicht bewegungslos stehen geblieben ist. Es ist viel gearbeitet worden, die neue Arbeit aber trägt im Allgemeinen den Charakter, der schon von vorneherein von mir eingesetzt wurde: Vermehrung des geschichtlichen Verständnisses der Religion. Es ist wenig theoretisch Neues hinzugekommen, aber viele dogmatische Sätze des alten Lehrbestandes sind noch mehr als Zeiterscheinungen einzelner vergangener Perioden dargetan worden. Auch in weit rechts stehenden kirchlichen Kreisen verschiebt sich zwar nicht das Dogma selbst, aber seine Bewertung und Handhabung. Um es mit einem naturwissenschaftlichen Vergleiche auszusprechen, so hat man immer mehr erkannt, dass das dogmatische Knochengerüst nicht die Urerscheinung der Religion ist, sondern ebenso wie das menschliche Knochengerüst aus den Bindegeweben sich bildet, so als ein Entwicklungsergebnis aus den gläubigen Gefühlen und Hoffnungen stammt. Die geschichtliche Betrachtungsweise Harnacks hat sich bis in die Reihen seiner früheren Gegner hinein ein Duldungsrecht erworben, das man bei der in allen Religionssachen üblichen Vorsicht zwar meist nicht ausdrücklich anerkennt, aber auch nur noch selten leugnet. Die reine Dogmengeschichte wird von einer Glaubensgeschichte überwunden, die, um einen Ausdruck meiner Briefe zu brauchen, weniger von der Mauer redet und mehr vom Weinstock. Dabei erweitert sich die geschichtliche Betrachtung über das alte Gebiet der rein christlichen Religionsgeschichte hinaus und wird zur Menschheitsglaubensgeschichte. Vielleicht ist hier der Punkt, an dem meine Ausführungen inzwischen am meisten überholt sind. Briefe über Religion, die ein anderer nach mir in demselben Sinne schreiben würde, müssten vielmehr vorgeschichtlich und international-religiös sein, als es mir nach meiner theologischen Jugendbildung naheliegen konnte. So etwas aber lässt sich nicht nachträglich in eine abgeschlossene Arbeit hineinkorrigieren, sondern muss vom allerersten Gedankenwurf an darin liegen. Ich werde an einer späteren Stelle nochmals auf diesen Punkt zurückkommen.

Indem also inzwischen die theologische Arbeit noch religionsgeschichtlicher wurde, schien sie dadurch an Klarheit und Greifbarkeit für die praktische Verwendung in Predigt und religiöser Literatur zu verlieren. Der gewöhnliche Mann oder die einfachere Frau weiß bei geschichtlicher Erklärung aller alten Lehrsätze gar nicht mehr, was er für sichere Glaubenswahrheit halten soll, weil er nicht gewöhnt ist, das biegsame, gestaltlose Werdende für etwas Wirkliches zu halten. In allen Perioden, in denen die Religion, weil sie wächst, mehr Gefühl ist als Satzung wird sie für den Handgebrauch des kirchlichen Betriebes etwas zu weich und locker, weshalb auch so viele junge Theologen, die auf der Universität eine Wachstumsanschauung erhalten haben, sich nach einigen Jahren aus pfarramtlichen Gründen doch ins Gebiet der alten festen Sätze zurückziehen, weil sie es sich nicht recht zutrauen, mit einem noch nicht hartgebrannten Stoffe vor die Gemeinde zu treten. Das mag man im Einzelfalle um der Seele des betreffenden jungen Theologen willen bedauern, soll es aber für keinen allzu großen Schaden ansehen, falls nur dabei die inneren Gefühle nicht ganz verloren gehen. Es kann nicht jeder deshalb ein Prophet sein, weil er ein angestellter Theologe ist. Die Religion als Ganzes aber darf diesen Rückzug aus Scheu vor einer Zwischenperiode der Unsicherheiten nicht als das bessere Teil erwählen, weil sie in diesem Falle rettungslos rückständig wird, indem das Abbröckeln und Verschwinden des alten Weltbildes doch nicht aufgehalten werden kann. Dieser Grundgedanke meiner Arbeit ist in mir heute so lebendig wie jemals, und ich freue mich beim Lesen der Briefe, dass es mir damals gelungen ist, ihn so kräftig auszusprechen.

***

Es darf als auffällig bezeichnet werden, dass sich die evangelischen Theologen sogar wenig mit den Grenzgebieten zwischen Naturerkenntnis und Glaube befassen. Außer Professor Otto in Göttingen weiß ich kaum jemand zu nennen, der hier ernsthaft gräbt. So kommt es, dass eine starke Veränderung im Anschauen der Natur auf Seite der Religionsgemeinschaft kaum bemerkt, jedenfalls nicht genügend berücksichtigt wird. Das Naturerkennen nähert sich offenbar der früheren religiösen Auffassung ohne dass bis jetzt die Religionsvertreter die günstige Gelegenheit wahrnehmen, nun ihrerseits den Anschluss zu suchen. Der Hauptgrund dieser Versäumnis ist, wie mir scheint, ein äußerlicher, nämlich das Mangeln jeder naturwissenschaftlichen Vertiefung im theologischen Lehrgange. Während beispielsweise die neuesten Ergebnisse der babylonisch-ägyptischen Archäologie sofort von einem Teile der Religionsvertreter aufgenommen und verarbeitet werden, so fehlt die Berührung mit den biologischen Fragen, seien sie physiologischer oder psychologischer Art. Ich spreche hier von diesen Sachen nicht wie ein Wissenschaftler dieses Gebietes, was ich nicht bin, sondern nur als gebildeter Christ, der dringend wünscht, dass die nachdarwinischen Erkenntnisse für den Religionsunterricht in Kirche und Schule verwertet werden.

Der alte Schöpfungsglaube ist in seiner früheren Form nicht mehr zu halten, aber auch die sogenannte natürliche Entstehung, das heißt die rein mechanische, materialistische Erklärung der tausendfältigen organischen Welt ist nicht die Lösung aller Rätsel. Je tiefer man naturwissenschaftlich in das Geheimnis der Keimzellen und ihre Vermischung eindringt, desto weniger genügt eine seelenlose Chemie als Urwissenschaft des Daseins. Es gibt irgendwelche Träger von Ideen der Gestaltung, geistige Mächte, die in der Gattung wirksam sind. Das Einzelwesen als solches kommt und vergeht, aber hinter ihm existiert etwas Fortlebendes, Ewiges und dabei Veränderliches. Mag der Sitz dieser bildsamen Gattungslebendigkeit in kleinen Zellgebilden gesucht und gefunden werden, so wird damit der fabelhafte, wunderbare Wachstumsvorgang, der seine höchst merkwürdigen Traditionen, Gesetze und Grenzen hat, noch längst nicht seiner übermateriellen Wesenheit entkleidet. Es lebt etwas, das größer ist als das Sichtbare.

Wir saßen im Harzgebirge oben in einem Berggasthaus und betrachteten die Hirschgeweihe an den Wänden. Diese Geweihe waren eines Tages noch nicht vorhanden, dann wurde für sie durch Abwerfen des vorigen Geweihes ein Platz frei. In diesen Platz quillt die Schöpfung hinein, aber nicht als einfache Wiederholung des abgeworfenen alten Geweihes, sondern mit der erweiterten Form, von der der Einzelhirsch in seinem Bewusstsein vermutlich keine Ahnung hat, die aber doch von irgendwoher gewollt sein muss, denn sie ist regelmäßig und künstlerisch. Dazu hat sie eine lange Vorgeschichte in den versteinerten Geweihen untergegangener Vorhirsche. Je länger wir die Geweihe betrachten, desto merkwürdiger werden sie, als ob sie Seele verdecken wollten. Und doch wie wenig sind diese paar Hirschgeweihe gegenüber der Gesamtheit des Lebendigen!

Man lese, um das Gebiet zu finden, wo sich Naturwissenschaft und Glaube suchend und fast zagend begegnen, die kleine feine Schrift von Dr. E. Teichmann: »Vom Leben und vom Tode« (Stuttgart, Kosmosverlag, 13. Auflage). Da spricht der Naturwissenschaftler das Wort: es bleibt nur übrig, das Unerforschliche still zu verehren! Nicht als ob Teichmann irgendwie die Absicht hätte, Religion zu verkündigen, aber er zeigt, wo sie anfangen kann, wo sie mit gutem wissenschaftlichen Gewissen ihre heilige uralte Kraft des Ahnens einsetzen soll, um dem Menschenvolke eine Antwort zu geben auf seine nie aussterbenden Fragem nach dem Geheimnis des Daseins, in dem wir schweben.

Es ist alles Lebendige geworden, schrittweise unter gegebenen Bedingungen entstanden, aus langen tappenden Versuchen unbekannter Mächte emporgestiegen, gestärkt durch Glücksumstände, bedrängt durch Feindlichkeiten, sieghaft oder verkümmert, nichts aber ist so einfach auf-die Tafel hingesetzt worden, wie die fertigen Tiere in der Arche Noah unserer Kinder. Soweit der alte Schöpfungsgedanke ein zauberhaftes Element der unvermittelten Plötzlichkeit an sich trägt; muss er beschnitten und gesäubert werden, aber es ist nicht nötig, ihn wie verwelktes Kraut in den Winkel zu werfen. Er wird noch einmal neu geboren, nur kann heute noch keiner sagen, wie er dann aussehen wird. Das, was ich in den Briefen über das neue Psal-

mensingen der Naturfreude gesagt habe, ist inzwischen trotz des Still-
schweigens der Theologen um einiges näher herangekommen Man
lasse nur die Wissenschaft ganz getrost ihren eigenen Weg gehen, man
verliere den Mut nicht, wenn sie zeitweise allen Ewigkeitsgehaltes
bar erscheint, das, was am Glauben wahr ist, das kann nicht verloren
gehen. Gott ist so groß, dass er es ganz gut vertragen kann, etliche Tage
in einer Ecke der Menschheit vergessen zu werden. Er kann warten,
denn tausend Jahre sind vor ihm wie ein Tag.

**

Viel mehr als mit den Grenzgebieten der Naturwissenschaft hat sich der
gebildete Protestantismus in der Zwischenzeit mit der Geschichtlichkeit der Person Jesu befasst, und zwar haben es aus Anlass der Bücher
von Drews (Die Christusmythe, 1910, Beweise für die Geschichtlichkeit Jesu 1911) und aus anderen Gründen die Nichttheologen stärker getan als die Theologen. Für die letzteren ist von vornherein der
geschichtliche Charakter des Heilandes über die Zweifel erhaben,
denn sie stehen durch ihr Studium den Urkunden der Offenbarungs-
zeit nahe genug, um nicht an den kopflosen Anfang einer so siegreichen
geistesgeschichtlichen Bewegung zu glauben. Da im Allgemeinen die
genaue philologische Einzeldurcharbeitung der neutestamentlichen
Literatur eher zur Verfestigung ihrer frühen Entstehungszeit hinlei-
tet als zur Auflösung aller gesicherten Literargeschichte, so ist und
bleibt der Zeitraum, der zwischen dem Tode Jesu und der Abfassung
der ältesten Paulusbriefe liegt, gering genug, um die Entstehung eines
völlig neuen Sagenkreises von solcher beispiellosen Eindringlichkeit
auch nur als geistesgeschichtlich möglich annehmen zu lassen. Paulus ist umgeben von einer Wolke von Personen, die den Meister noch
selber erlebt haben. Er bekämpft zum Teil diejenigen, deren Autorität
auf dieser persönlichen Bekanntschaft begründet ist. Man braucht gar
nicht auf den Abweg zu geraten, die Geschichtlichkeit Jesu aus seiner
seelischen Unentbehrlichkeit ableiten zu wollen. Der Kern des Evangeliums von Christus verträgt die Stöße einer rücksichtslosen historischen Kritik. Was aber nun der Kern ist, das bleibt das bleibt in gewisser Undeutlichkeit, und hier liegt, so viel ich sehe, heute die Sachlage
nicht mehr genau so wie vor dreizehn Jahren, da inzwischen mehr als

vorher von den Erlösererwartungen geredet worden ist, die vor dem
Auftreten des palästinensischen Heilandes schon bereit waren, sich
an seine Person anzusetzen. In einer etwas- kecken, aber darum für
die Fragestellung klärenden Weise hat Dr. Max Maurenbrecher von
dem werdenden Christusbilde vor dem Christus Jesus geschrieben
(Von Nazareth nach Golgatha 1909, Von Jerusalem nach Rom 1910).
Auch Orientalisten haben zum vorgeschichtlichen Bilde des Einen
und Unvergleichlichen beigetragen. Während früher die theologische
Schulweisheit sich mit der überweltlichen Präexistenz, mit dem jen-
seitigen, himmlischen Vorleben des Sohnes Gottes beschäftigte, wird
nun mit historischen Mitteln eine andere Präexistenz aus Prophetien
und Sagen der Völker zwischen Ganges und Nilstrom konstruiert. Wie
etwa bei Übernahme der Kaiserwürde durch König Wilhelm I. allein
durch das Wort Kaiser eine Menge von Vorstellungen alter Zeiten auf
ihn übergingen, so lag schon ein ganzer Berg von Geschmeide und
Perlen fertig für den, der eines Tages als der Messias erkannt werden
sollte. Als Petrus zu ihm sprach: Du bist Christus, der Sohn des lebendigen Gottes, da floss Verklärung von selbst über ihn hernieder. Das,
was an ihm menschlich geschichtlich war, wurde überwältigt durch
das übergeschichtliche Gewand, das man ihm umlegte, und das bis
zum Kreuzestod zu tragen er sich demütig und heldenhaft entschloss.
Es ist das eine Art sich mit der Gottmenschheit auseinanderzusetzen,
die sicher ihre bedeutenden Wahrheitsbestandteile in sich hat, so gut
wie auch in der alten Art ein unvergänglicher Gehalt verborgen bleibt,
eine zeitgeschichtliche Weise, dem Unerforschlichen sich zu nahen.
Wir können über die Einzelheiten dieser Auffassungsweise nicht
urteilen, denn dazu gehört sehr viel besondere Untersuchungsmühe,
aber wir sehen im Ganzen in ihr ein aufbauendes Element. Jesus wird
in die Entwicklungsgeschichte hineingestellt und erhält eine hohe
innergeschichtliche Vorzugsstellung vor allen anderen Sterblichen,
für die der Christusmantel zu heilig und zu schwer war. Es ist auch
nicht in Abrede zu stellen, dass in der Bibel selbst viele Anknüpfun-
gen für eine derartige Christusverkündigung vorhanden sind. Immer
wenn wir lesen: es geschah aber dieses, damit erfüllet würde das Wort
des Propheten, wird die vorangehende Weissagung als Sachgrund der
Erscheinung angegeben, und zwar entweder als Grund einer Hand-

lung dessen, dem das Messiasbewusstsein zur inneren Kraft wurde, oder als Grund eines Glaubens derer, die begierig waren, in ihm den Erwarteten zu finden. Wann der eine oder der andere Fall vorliegt, ist fast nie mit reiner Sicherheit zu bestimmen.

Dabei ist festzuhalten, dass der Heiland, an den wir glauben, der ganze Jesus Christus ist, die Doppelperson, die jetzt wie vor alters eine ewige und eine irdische Seite hat und in der alle vergangene Religion des babylonisch-jüdischen Gebietes ihren Gipfel erlebt. Dieser Jesus schreitet nun durch die griechisch-römische Welt weiter und wird von Germanen, Slawen und anderen aufgenommen, indem die nachfolgenden Geschlechter an seinem wunderbaren Kleide weiterweben Dabei müssen beständig falsche phantastische Fäden wieder herausgetrennt werden. Bis er geschichtlich ward,·war er ein Erwarteter, von da an, wo er ein Galiläer wurde, ist er ein Gekommener, als Christus ist er ein Ewiger, begraben und doch nicht tot: siehe ich bin bei euch alle Tage bis an der Welt Ende !

Eine solche Auffassungsweise ist selbstverständlich etwas anderes als das, was im nizänischen und athanasianischen Bekenntnis gedacht und gesagt ist. Man soll nicht so tun, als sei keine Veränderung des Aufbaues vorgekommen, soll im Gegenteil fröhlich und getrost das eigene Recht unserer Weltzeit auf ein eigenes Hineinleben in die Zentralperson des Glaubens beanspruchen. Als Jesus unter die hellenische Logosidee gestellt wurde, war das mindestens so kühn als eine derartige Einstellung in eine Entstehungsgeschichte geistiger und sittlicher Symbole. Es ist tatsächlich eine neue Mauer für den Weinstock, ein Kennzeichen, dass der Glaube nicht schläft. Wieweit die innere Schöpfertätigkeit des Glaubens gerade diesen Weg weiter verfolgen wird, ist Sache künftiger Geschlechter. Wir fühlen uns hier noch immer nach Gottes Rat als im Durchgang begriffen, im scheuen Glück einer leise suchenden Zeit.

***

Ob und wie im Verlaufe der letzten zehn oder zwanzig Jahre unsere Auffassung vom praktischen Christentum sich gewandelt hat, ist nicht einfach zu sagen, weil hier eine Mehrzahl kleiner Verschiebungen das Gesamturteil erschweren. Zunächst wurde durch die Untersuchungen von Professor Deißmann (Die Urgeschichte des Christentums im Lichte der Sprachforschung 1910) der Blick für das Volkstümliche im Neuen Testament wesentlich geschärft. Indem Deißmann sich in die vielfältigen Reste und Überbleibsel der mittelländischen Küstensprachen jener Zeiten vertiefte, bekam er ein neues Ohr für den Dialekt der Apostel und Evangelisten und verstand ihre Missionssprache, die bisher meist philologisch nur als ein Griechisch niederen Grades gewürdigt wurde, als etwas Lebendiges. Dabei wurden die Begriffe einfacher und anschaulicher, und vor allem die dornenharte Theologenlogik, die man seit vielen Jahrhunderten bei Paulus gesucht hatte, bekam ein viel natürlicheres Gesicht. Man erkannte mit einem Male deutlicher als zuvor, dass hier nicht nur die Volksmäßigkeit in der Nachfolge Jesu gefordert, sondern, dass sie tatsächlich geleistet wurde. Die Gütergemeinschaft der Urgemeinde in Jerusalem blieb nicht nur ein vereinzeltes soziales Experiment, sondern wurde zur Ideallegende eines tatsächlichen Daseins kleiner Leute, die ein Herz und eine Seele waren. Das ward eine Stärkung derer, die immer schon im Neuen Testament das Evangelium der praktischen Brüderlichkeit gesehen hatten, zugleich aber verflüchtigte sich noch mehr der Gedanke, als könnte man aus dem Bruderchristentum der Galiläer, der Diasporajuden und der großstädtischen Sklaven, Klienten und Handwerker eine Art formulierbares religiöses Lebensgesetz für modernen maschinellen Sozialismus herausarbeiten.

Schon als ich vor dreizehn Jahren meine Briefe schrieb, war mir klar geworden, dass es eine Sozialpolitik der Bergpredigt nicht geben könne, und ich lese jetzt nachträglich gerade die betreffenden Seiten mit besonderer Bewegung, weil in ihnen ein großes Stück meiner innerlichsten Jugenderlebnisse enthalten ist. Damals schmerzte es mich persönlich, dass es keinen evangelischen Sozialismus im strengen Begriffe des Wortes geben konnte, weil ich mit der Ahnung in die Welt der Arbeit eingetreten war, als müsste irgendein neugeborener heiliger Franziskus mit festen Händen dem gegenwärtigen Christenvolke sagen, was im Streit von Kapital und Arbeit sittlich, göttlich richtig sei. Es gab und gibt aber keine christliche Betriebsverfassung, keine evangelische Fabrikordnung, keine religiöse Preisfestsetzung. Die Verchristlichung des Lebens bleibt immer auch bei allem heiligen

Eifer etwas Unfertiges, nicht in Normalregeln zu Fassendes. Das Evangelium ist kein Gesetz. Das liegt heute für viele, die damals mit mir zusammen suchten, ebenso offen auf der Hand, wie für mich. Auch haben inzwischen sowohl der evangelisch-soziale Kongress, als auch die kirchlich-soziale Konferenz in ihren Tagesordnungen das Bemühen aufgegeben, einen theoretisch-moralischen christlichen Sozialismus zu finden. Und während auf katholischer Seite die Mitgliederzahlen der christlichen Gewerkschaften sehr gestiegen sind, ist auf evangelischer Seite nichts Ähnliches in größerem Maßstabe geschehen. Wer also praktisches Christentum innerhalb des Protestantismus nur in der greifbaren religiösen Arbeiterorganisation oder etwas Ähnlichem sucht, der findet keinen bedeutenden Ertrag.

Damit ist aber die Angelegenheit selber noch keineswegs erledigt. Die Verhandlungen der evangelisch-sozialen Kongresse sind trotz des Zurücktretens des engeren Gedankens eines aus dem Glauben herausgeschöpften Sozialismus, den übrigens auch früher niemals alle Mitglieder teilten, nicht ärmer geworden, denn bei jeder neuen Volks- und Zeitfrage galt es, von der Grundstimmung des Evangeliums aus Verbindungen oder Antriebe aufzudecken. Das Christentum als heimlicher Untergrund unseres sozialen Gesamtdaseins wurde bald da, bald dort aufgezeigt. In diesem Sinne haben Harnack und Baumgarten unter uns gewirkt. Dem flüchtigen Beobachter konnte es nun dabei leicht scheinen, als seien das alles nur Reden von einigen hundert Pastoren und Doktoren, aber sicherlich sind diese paar Hunderte viel stärker als sie selber oft glaubten, denn zu ihren Füßen sitzt ein breites Volk guter hingebender Männer und Frauen, auf die man vielfach ohne Übertreibung das Wort anwenden kann: ihr seid ein Salz der Erde!

In allen sozialpolitischen Streitigkeiten, in der Organisierung des Maschinenvolkes überhaupt, ist der Glaube ein Zusatz von unzweifelhaftem Werte, denn er händigt und lockert tausendfältig im Stillen den Egoismus. Manchmal ist man dieser Wirkung froh und fühlt ihre Mildigkeit, zu anderen Zeiten aber möchte man gegenüber den noch immer ungebändigten Gewalten einer raffinierten kalkulierenden Selbstsucht fragen, ob denn noch überhaupt Christen vorhanden sind. Dann ist man geneigt um der Herzenshärte willen, die oft auch bei denen zutage tritt, die besonders fromm aussehen wollen, die gesamte

Gegenwartswirkung des Evangeliums für eine Art von erträumter Romantik zu halten und sie bei neuen Plänen nicht mehr einzusetzen. Ich gestehe, dass ich in der berufsmäßigen täglichen wirtschaftspolitischen Arbeit manchmal mit einer gewissen Enttäuschung gefragt habe, wo denn nun die Wunderkräfte der Menschlichkeit sind, die aus so vielem Religionsunterricht hervorquellen sollen. Wo ist das Christentum nicht als Gesetzgebung aber als Gewissen der Völker? Wo ist der im Verborgenen wandernde unsterbliche Heiland? Vor mir sitzen die Köpfe aller Parteien und Reichsämter, ich kenne ihre Tugenden und Tüchtigkeiten, aber – das zur festen Sitte gewordene religiöse Menschlichkeitsgefühl zittert nur wie ein armer kleiner Schmetterling durch den Raum. Sind wir noch Christen?

Meist genügte vor dem Kriege ein Besuch im Ausland, um gar zu trübe Gefühle wieder in die Höhe zu heben. Das, was wir an hilfsbereiter selbstloser Innerlichkeit in allen Volksschichten besitzen, ist nicht klein, es rinnt nur wie zerflossenes Wasser unter Moos und Wurzeln. Und unsere Enttäuschungstage sind nicht vergeblich, wenn aus ihnen neuer besserer Wille sich aufrichtet. Das aber, was an christlicher Durchdringung des sozialen Lebens die Älteren unter uns nicht mehr selber schaffen können, das nimmt eine nachwachsende Generation in ihre Hände. Sie wird es tun, wenn sie aus dem Krieg heimgekehrt sein wird.

Wann wird das sein?

***

Ehe ich aber versuche, vom Christentum im Krieg zu reden, wird es angebracht sein, noch eine andere Seite der sozialpolitischen Entwicklung der letzten Zeiten vor dem Krieg zu beleuchte, nämlich das erneute stärkere Auftreten individualistischer Regungen in den evangelisch-sozialen Kreisen. Bezeichnend dafür waren die Vorträge von Professor von Wiese und Professor Rade auf dem evangelisch-sozialen Kongress in Essen im Jahre 1912. Mag der unmittelbare Erfolg dieser Aussprachen nicht groß gewesen sein, so war schon das Auftreten einer Richtung, die im Protest gegen allzu viel Sozialismus wieder einmal das alte hohe Lied vom Einzelmenschen singen wollte, für viele Teilnehmer eine Überraschung. Nachdem während zweier Jahrzehnte die Überwindung des gefährlichen Einzelegoismus als die Hauptangelegenheit des praktischen Christentums dargestellt worden war, erklangen hier Töne, die wir als ferne Erinnerungen kannten, als neue Forderungen: lass dich nicht so sehr versozialisieren, dass du Schaden nimmst an deiner Seele! Darin zeigte sich eine für die Religionsgeschichte sehr bedeutsame Eigenheit der innerlichsten Bewegungen des Glaubens. Um dieser Eigenheit willen gehe ich hier etwas näher auf die Sache ein.

Vergegenwärtigen wir uns den Ablauf der Sozialistischen Welle im Zeitalter Bebels, so können wir als Überschrift wählen: vom Zukunftstraum zum Verwaltungsgesetz. Da ich schon fast als Kind von den Sozialistischen Bewegungen des sächsischen Erzgebirges mit durchgerüttelt wurde, so kann gerade ich die Geistes- und Stimmungswandlungen auf dem Gebiete des von der Sekte zur Partei, von der Utopie zur Paragraphensammlung sich entwickelnden und aufsteigenden Sozialismus mir gut in ihrer Reihenfolge vergegenwärtigen. Sicher ist nun, dass die erste Generation von Sozialisten in ihren radikalen Worten dem kirchlichen Christentum viel feindlicher und gehässiger gegenüberstand als die jetzige proletarische Masse, aber ebenso sicher ist es, dass damals der Sozialistische Magnetismus viel stärker auf wirklich gläubige Gemüter wirkte als jetzt. Solange nämlich der Sozialismus selbst noch wolkenhaft war, hatte er etwas Religiöses an sich; er glaubte auf seine Weise an das Kommen einer überirdischen Macht, auch wenn er es peinlichst vermied, diese Macht als Gott oder Vorsehung zu benennen. Das, was die damals noch kleine Truppe von sozialistischen Genossen von ihrer eigenen beschränkten Kraft nicht erwarten konnte, hoffte sie aus den Händen der sogenannten ökonomischen Entwicklung entgegenzunehmen. Dieser Glaube war auch in seinem Kerne wichtig, denn weit über das hinaus, was die Proletarierpartei selbst erzwingen konnte, ist die Sozialisierung der Gesellschaft auf zahlreichen Wegen zu uns gekommen, und oft haben die eingeschworenen Gegner des Sozialismus ihm am meisten dienen müssen, indem sie durch Kartelle und Syndikate die Regelung der Produktion herbeiführten. Indem nun aber die Prophetie in Verwirklichung überging, verlor sie ihr dramatisches Element und wurde fachmäßiger, nüchterner. Aus der Weltanschauung ward eine vielgegliederte Technik der Organisation und des Zankes und Ausgleiches um kleine Einzelvorteile. Diesen letzten Schritt aber macht der Glaube als solcher nicht mehr recht mit, weil er für den Einzelkampf kein anerzogenes Gefühl besitzt. Er will immer etwas Morgendämmerung um sich herum haben. Auf diese Weise kommt es, dass er schon während der Mittagsarbeit eines sich ausbreitenden Sozialismus an den neuen Morgen eines bevorstehenden fernen Individualismus zu denken anfängt.

So sehr uns nun dieser Vorgang seelengeschichtlich und religiös verständlich war, so erschien er uns doch im Interesse unserer seither gepflegten sozialen Ideale bedenklich, denn er müsste praktisch als Unterstützung unserer alten Gegner, der materialistischen Egoisten, aufgefasst werden, die nur das Wort Individualismus zu hören brauchen, um dahinter eine moralische Rechtfertigung ihrer Renten zu wittern. Auch können wir nicht zugeben, dass die Verwirklichung der sozialen Ideale der Periode von 1890 bereits so gesichert sei, um neue Losungen erforderlich zu machen. Aber wer kann es hindern? Der Geist wohnt, wann und wo er will. Das gehört zum Wesen der Religion.

Es ist sicherlich möglich, dass irgendwann nach dem Kriege im bewussten Gegensatze zum inzwischen weiter gesteigerten Staatssozialismus sich ein Drang nach Unabhängigkeit innerhalb der Zwangsordnungen der neuen Menschenwelt erhebt. Das braucht dann gar keine Verteidigung der kapitalistischen Aristokratie mehr zu sein, denn diese ist dann wieder um etwas mehr sozialisiert und arbeitet nur noch in Verbänden und als geschlossene Gesellschaft. Die Freiheit vom Schema des Sozialismus kann für Angehörige der allerverschiedensten Schichten zum gemeinsamen idealistischen Wunsche werden, und zwar aus allerinnerlichsten Gründen: wir wollen lieber etwas ärmer sein, wenn wir nur unsere eigene Lebens- und Tagesordnung haben, unsere Gesinnungen unbehindert äußern und uns vom vorschriftsmäßigen Normalwissen so weit entfernen dürfen, wie wir mögen! Das, was heute als kleiner, radikaler, anarchistischer Nebenstrom den Sozialismus begleitet, kann mit noch weitergehender Durchsozialisierung der Gesellschaft an seelischer Dringlichkeit so zunehmen, dass eines Tages auch dieser neugeborene Radikalismus magnetisch auf die Religion wirkt. Das kann so sein, denn in der Uridee des Reiches Gottes liegen Unabhängigkeits- und Bruderschaftselemente neben den Forderungen der Reinheit und Wahrheit wie Perlen nebeneinander, bereit, sich in jedem Zeitalter neu umrahmen und einfassen zu lassen.

Das Reich Gottes, das beständig kommt, indem es beständig entschwindet, ist bleibend in seinem Welterneuerungstriebe, veränderlich aber in den Ansatzpunkten des Erneuerungseifers. In diesem Sinne ist es in der Welt, aber nicht von der Welt. Es ist ein Teil vom Menschheitswerden, und zwar ein sehr innerlicher, tiefliegender. Menschen, die ein eigenen Gefühl dafür haben, was der Wille Gottes in ihrer Zeitperiode sein kann, stellen sich um Gottes willen, das heißt ohne greifbare irdische Interessen, in den Dienst dieses geahnten oder erkannten höheren Willens und werden damit freiwillige Botenläufer und Hilfskräfte dessen, was sein soll. Erfasst von der Gewalt einer göttlichen Berufung, gingen je nach dem Bedarf ihrer Zeiten die vom Geiste Getriebenen als Mönche in Klöster, als Missionare in Wildnisse, als Erzieher in Kindesschulen, als Arbeitsorganisatoren in Betriebe und Genossenschaften, als Wohltäter in Armutssümpfe, als Lichtbringer in die Keller der Unbildung, als Reinheitspfleger zur Unsauberkeit, als Rechtbringer zu den Rechtlosen, als Sozialisten zu den Vereinzelten, als Individualisten zu den Gezwungenen. Immer und in allen Escheinungsformen ist in den Männern und Frauen des Reiches Gottes Protest und aufbauender Wille, Ablehnung und Optimismus. Diese Geistesart als solche ist das praktische Christentum, ist Religion im Leben. In ihr vollzieht sich das Fortleben Jesu Christi auf der Erde.

Wir haben seit dem Erscheinen dieser meiner Briefe durch die vortrefflichen Arbeiten der Professoren Tröltsch und Max Weber viele neue Einblicke in die Einwirkungen des christlichen Glaubens auf die Wirtschafts- und Kulturgeschichte tun können. Die Religion als innerweltliche Geschichtsmacht ist vielleicht niemals früher so bereit und klar dargelegt worden, wobei nicht übersehen wurde, dass auch in der Religion Nebenwirkungen vorkommen, die gar nicht beabsichtigt waren. In der Frühlingszeit des Kapitalismus benetzte der Morgentau der Gottestreue manchen Betrieb, der in seiner weiteren Entfaltung mehr in den Dienst des Mammon hineingehörte als in das Reich Gottes

Das Reich Gottes! Es ist kein Staat, ist keine Kirche, ist das, was im Augsburger Bekenntnis als die Versammlung aller Gläubigen und Heiligen bezeichnet wird. Von dieser Gemeinschaft sagt das Bekenntnis: es ist nicht not zur wahren Einigung der christlichen Kirchen, dass allenthalben gleichförmige Zeremonien, von den Menschen eingesetzt, gehalten werden. Die Kirche als solche ist Menschenwerk, der Glaube selbst aber ist himmlischen Ursprungs. Er hat kein irdisches Warum und Wozu, das ist seine Unberechenbarkeit und seine einzigartige Würde. So lebt er noch heute und wird gefunden und erlebt. So geht er auch durch die ungeheure Prüfung des großen Krieges hindurch, eine heimliche, vielgestaltige Kraft, ein Segen der Zerbrochenen und ein Trost derer, denen die Last der Opfer zu schwer wurde.

***

Wir sind im Krieg! Ich schreibe dieses Nachwort zu meinen Briefen über Religion während der Kämpfe um Verdun und an der südtiroler Front. Das sagt genug für alle Miterlebenden. In dieser Zeitlage erscheint alles blass und matt, was irgendjemand von uns früher über Krieg und Frieden, Christentum und Machtpolitik geredet hat. Ich lese meine alten Sätze und halte sie fast ohne Ausnahme auch heute noch für richtig und durch den Krieg bestätigt, aber die Gewalt der gegenseitigen Tötung der europäischen Völkerfamilie übertrifft doch an Schrecken, Verzweiflung und Heldengröße alles, was das Geschlecht sich vorstellen konnte, dessen Jugendeindrücke im Jahre 1870 lagen. Damit ergibt sich von selber, dass gerade dieses Kapitel der religiösen Zeitfragen nach dem Krieg nochmals ganz von vorn angefangen werden muss. Hier muss nochmals jeder bisher gültige Satz nachgeprüft werden, bis eine nächste Generation auf Grund des übermächtigen Geschichtseindruckes sich ihr moralisches Weltbild neu zurechtdenkt. Das aber ist es nicht, was jetzt während des Krieges von mir hier vollzogen werden kann. Noch gehen die Wogen zu hoch und noch ist das Kulturergebnis viel zu unsicher. Was wir jetzt tun können, ist nur das Aussprechen einiger Erfahrungen aus dem Krieg, wobei wir hier nur die religiöse Seite der Sache ins Auge fassen.

Gleich bei Kriegsbeginn musste festgestellt werden, dass weder allgemeine menschliche noch besondere christliche Friedensbestrebungen stark genug gewesen sind, den Weltkrieg fernzuhalten. Es war in den letzten Zeiten vor dem Krieg neben sich verschärfenden Gegensätzen und Hassstimmungen auch ein Aufwachsen internationaler

Verbrüderungen auf religiösem oder pazifistischem Boden zu erkennen. Viele von uns denken an den inhaltreichen schönen Weltkongress für freies Christentum in Berlin. Ich erinnere mich an die mehr politische Zusammenkunft deutscher und französischer Abgeordneter in Basel kurz vor Pfingsten 1914. Wie saß damals der ermordete Jaurès unter uns und Frank, der Mannheimer, an seiner Seite! Wir haben in jenen Zusammenkünften offen miteinander darüber gesprochen, dass Kriege nicht durch bloße Gemütsbewegungen, und seien sie die edelsten, beseitigt werden können, dass aber doch der Beitrag des Gemütes und der Seelengemeinschaft bei der Aufrechterhaltung des Friedens kein geringer ist. Ich habe es als religiöse Pflicht angesehen, zu dieser Annäherung nach Kräften mitzuhelfen, obwohl ich vielleicht noch kritischer über den Erfolg solcher Bemühungen dachte als viele andere Teilnehmer. Auch in Zukunft werde ich als Christ ähnlich handeln müssen, obwohl natürlich nach den Erlebnissen dieser dazwischenliegenden Jahre erst recht alle lockeren Illusionen verschwunden sind.

Wahrscheinlich wird eine der vielen Kriegsfolgen sein, dass der Wunsch nach einer Technik des Weltfriedens noch mehr als seither unter die Programmpunkte internationaler christlicher Gemeinschaften gehören wird. Das dürfte auf katholischer Seite ähnlich sein wie auf protestantischer. Aber es wird auch auf diesem Gebiet sich dasselbe zeigen, was ich vorhin bei Besprechung der Sozialpolitik sagte, dass nämlich der Weg von der sittlichen Gefühlsforderung bis zur normgebenden Formulierung nicht aus rein christlichen Prinzipien herausgefunden werden kann. Es gibt einen christlichen Weltfriedensvertrag an sich ebenso wenig wie eine christliche Fabrikordnung. Darüber hilft kein noch so lobenswerter Enthusiasmus hinweg. Die Leute haben es leicht, die immer nur reden: es sollte und müsste jemand ein unverbrüchliches Völkerfriedensrecht aufrichten! Es müsste jemand! Als ob daraus das Recht und seine notwendigen Garantien und Schutzvorrichtungen gegen Missbrauch des Rechtes von selber würden! Prophetisch fordern und dann die Verwirklichung anderen Kräften zuschieben, ist noch keine Heldentat, so wenig wir an sich das Fordern verwerfen möchten. Erst dann, wenn die Entwicklung des Krieges selber einmal bis zur Kriegsüberwindung führt, wenn einmal dieses Überbieten des Krieges durch den Krieg wirklich eintreten sollte, dann wird die moralisch-religiöse Forderung unmittelbar zur Triebkraft und Beschleunigung werden können.

Ehe nun aber das Rad der Weltgeschichte sich so weit gedreht hat, dass für die Technik des Weltfriedensvertrages die Zeit erfüllet ist, bleibt uns aus denselben Gründen, die ich früher dargelegt habe, die Pflicht der möglichst guten und starken staatlichen Rüstung. Dafür werden alle Teilnehmer des Krieges ohne weiteres einen verschärften Sinn mitbringen, denn es würden von uns weniger gestorben sein, wenn von Anfang an noch mehr Artillerie und Munition dagewesen wäre. Die Lehre vom Kampf ums Dasein unter den Staaten wird unser ganzes Leben bis in seine Tiefen durchdringen und uns zu Maßregeln nötigen, die heute nur als Kriegserscheinungen auftauchen. Der Mobilmachungszustand als Staatscharakter! Darin liegen schwerste dauernde Probleme für alle religiöse Verkündigung, eine notwendige, unvermeidliche Doppelheit der Seelen. Einzelmenschen zwar versuchen es, der Bedrängnis dieser Doppelheit dadurch zu entgehen, dass sie entweder nur Militaristen oder nur Pazifisten sein wollen, aber die Gemeinschaft der Nation als Ganzes muss beides zugleich in sich tragen: Jesus und Cäsar! Das ist hart für die Jünger der Bergpredigt, aber es ist so. Ein ausgeglättetes problemloses Christentum gibt es nicht.

***

Und wie hat sich unser Volk in den Krieg hineingefunden? Im Grunde viel einfacher, als man es hätte annehmen sollen. Man braucht nicht zu verschleiern, dass es auch im Krieg eine ganze Herde von Gaunern, Drückebergern und anderen Egoisten gegeben hat, aber im ganzen ist eine so herzbewegende, über alles gewöhnliche Maß hinausgehende Hingabe an Pflicht und Opfer vorhanden, auch gerade jetzt am Ende des harten zweiten Kriegsjahres überall vorhanden, dass man aus tiefster Seele ein Loblied anstimmen möchte auf dieses gute, treue, tapfere, sieghafte Volk. Das Außerordentliche wird ordentlich getan bis zum Tod oder zur Invalidität. Frauen schaffen mit schwachen Kräften wie Männer und mehr als sie. Dieses Volk in dieser Zeit mitzuerleben ist ein wunderbares Gnadengeschenk Gottes an und Menschen dieses Krieges. Das Gold wird geschmolzen bis zur Läuterung. Dabei erscheinen auch Schlacken und sehr erdige Reste, aber die Tatsache einer gewaltigen sittlichen Zucht ist so augenfällig, dass die vor dem Krieg gelegentlich verbreiteten moralischen Heulmeiereien fürs erste weggeweht sind. Das Schicksal wird verehrt, indem es getragen wird; die Weltaufgabe wird nach Kräften und bis über die Kräfte hinaus erfüllt. In dem allen lebt etwas, was der Religion sehr nahe verwandt und was doch nicht genau die bisherige Religion des Katechismus ist. Ist es Religion des Volkstums? Ist es Kantischer kategorischer Imperativ? Wo stammt das her? Über alle Konfessionen hinaus entsteht ein gemeinsames Glauben und Wollen.

Man kann aber einigermaßen gespannt darauf sein, wie hoch oder niedrig nach dem Kriege die Mitwirkung gerade des christlichen Glaubens am Gesamterfolg eingeschätzt werden wird. Heute ist ein Urteil darüber noch völlig verfrüht. Jetzt hört und sieht jeder nur zufällig dieses oder jenes, und auch unsere Söhne in den Schützengräben kennen jeder nur den Geist seines Grabens. Offenbar spielen Religionsfragen da draußen im Angesicht des Todes eine große Rolle, aber ein betendes Heer im Sinne der Puritanergruppen oder Gustav Adolfs haben wir trotz aller offiziellen Feldgeistlichkeit nicht. Wichtiger als die militärischen Gottesdienste sind die unbeschreiblichen tausend Einzelregungen in den Seelen der vielen und die Debatten zwischen Kriegsmühe und Schlaf da draußen über die höchsten und schwersten Dinge der Welt, so wie ein jeder sie selber versteht. Ich lese im Tagebuch, eines lieben jungen Menschen, der erst matt vor Körperentkräftung im nassen flandrischen Graben seine Kameraden vor sich in den Tod gehen sah, bis er selber getroffen wurde. Da umstehen alle Kämpfe geistiger Art den letzten Heldenkampf seines jungen Daseins. Wie viele solcher Tagebücher und Briefe sind jetzt in den Händen von Müttern, Frauen und Vätern! In allen Sprachen wird in hundert Todesängsten zum Himmel gerufen! Es gibt natürlich viele, die auch in den Schlachten und Lazaretten keinen Religionstrost brauchen und haben wollen, aber viele klammern sich an die Reste ihres Kinderglaubens, um ein Licht zu gewinnen, wenn ihre eigene kleine Flamme im Erlöschen ist. Andern vermehren sich die Zweifel im Gedränge der Unbarmherzigkeiten. Wie wird die Innenwelt dieser Heimgekehrten sein? Wird einfach alles wieder werden wie vorher? Oder wie sehen die Seelen nach dem Kriege aus?

Ich versuche nur ganz im Allgemeinen einige Gedanken über die Folgen des Krieges für das religiöse Leben auszusprechen.

Der Krieg ist für Millionen von Menschen eine Mobilmachung und Entwurzelung, ein Herausschleudern der Seelen aus dem angelernten Lebensbetrieb. Dabei geht zunächst die gewohnte und anerzogene Moral in die Brüche, denn alle Lehrsätze der Alltagsrechtschaffenheit verwandeln sich, und zwar oft bis in ihr Gegenteil. Die Pflicht, täglich für die eigene Familie zu arbeiten und alles für Frau und Kinder zu tun, wird von den Familienvätern hinweggenommen, die Scheu, fremdes Eigentum und Leben zu berühren, wird dem Feinde gegenüber zur Schädigungsverpflichtung, die Verantwortlichkeit für das eigene Tun und Lassen geht zu einem guten Teil an die Heeresleitung über. Die sittliche Welt des Kriegslagers ist in allen ihren Grundvoraussetzungen anders als der Pflichtenkreis eines Bergarbeiters oder Kaufmanns oder Bauern. Und da nun der Krieg lange Zeit dauert, so vertiefen sich die Wirkungen dieser Entwurzelungen ins Unübersehbare. Schon vom Wirtschaftsstandpunkt aus fragen wir uns, wie sich das Wiedereinleben gestalten wird, und sehen eine Periode schwerer Eingewöhnungen vor uns, aber fast mehr noch kann man darüber nachdenken, welche Wirkungen auf geistige und sittliche Zustände von der Kriegserschütterung ausgehen werden. Alle überstarken Lebenserschütterungen zittern im Gefühlsleben weiter. Der Alltag verbirgt zwar die Erregung, aber sie lebt sozusagen in den Nächten fort. Der einzelne möchte dem Weltlenker seine Antwort sagen, oder ihm den Dienst aufkündigen oder ihm für Rettung danken oder ihn belehren, wie die Welt eigentlich sein sollte. Blut und Sieg, Verletzung, Mangel oder Fülle, Zurücksetzung oder Belobung, alles drängt sich in diesen einen Abschnitt des Lebens zusammen. Und auch zu Haufe bei den Kriegsuntauglichen und Frauen ist die herkömmliche Regel des Lebens sehr erschüttert. Alle Preise schwanken, alle Arbeiten wechseln, dazu die tägliche Spannung und das Lauschen auf ferne Kanonenschläge. In der Tat, wer Gottheit bisher in der Ordnung zu verehren pflegte, für den hat sie sich sehr verändert. Zahllose Menschen kennen die Welt nicht mehr wieder und wissen nicht, ob sie noch nach alter Weise verwaltet wird oder nicht. Da sitzen Eltern von begrabenen Söhnen und haben keinen Daseinszweck mehr vor sich.

Auch Kinder warten vergeblich auf ihre Väter. Alles, was sonst der Kreislauf der Lebenserfahrungen in kleinen Einzelgaben zu verteilen verstand, ist gehäuft. Wo leiser Wind war, ist Sturm; wo ein Bächlein rann, da wogt es über das Gefilde. Diese Bewegungszeit ist von unheimlicher Gewalt, aber wer beschreibt sie und erkennt sie als eine Erziehungszeit der Seelen?

Alle großen Erschütterungszeiten führen zu Gott hin und auch von ihm weg. In der französischen Revolution und in den Freiheitskriegen entstanden gleichzeitig Romantiker und Atheisten So etwa stelle ich mir auch die Wirkungen des Krieges vor. Er wird eine scharfe Prüfung sein für alles laue und faule Traditionschristentum, denn für dieses sind die Kriegsprüfungen zu stark. Um nur einen Hauptpunkt zu nennen, so sieht die alte Frage nach dem·Fortleben und Auferstehen der Gestorbenen im Krieg viel dunkler aus als sonst. Die Verlassenen sitzen in ihren Stuben und quälen sich mit ihren Gedanken über das Jenseits hinter der Stunde, da die Kugel traf, und der Geistliche ist in vielen Fällen nicht imstande, auch nur als sein persönliches Bekenntnis etwas Festes auszusagen, an das sich die Gemüter halten sollen. Ich mache ihm daraus keinen Vorwurf, denn wie soll er gerade wissen, was viele Jahrhunderte vergeblich zu wissen versucht haben? Er will trösten und hat leere Hände, solange er sich auf den kleinen Privatstandpunkt herabziehen lässt, dass Gott sozusagen eine besondere Aufgabe hat, der Frau, die am meisten betet, am sorgfältigsten ihren Sohn zu erhalten. Er muss leere Hände haben, solange er im Massenkrieg, in dem die Zehntausende verbluten, verschüttet werden oder sonst wie zugrunde gehen, nur die Gesichtspunkte einer Familienreligion besitzt, bei der das „Gott mit uns" eingeschränkt wird auf einige einzelne Menschen. Erst wenn er den Gesamtvorgang als Gottesdienst zu begreifen versteht, wird er zugleich den Müttern der Gefallenen und der Erhaltenen genügen können, aber ganz leicht ist dieses nicht, denn wir haben in diesen Dingen nicht mehr die mittelalterliche Kindlichkeit, die bisweilen noch aus türkischen Kriegsberichten klingt. Dort heißt es: „mit Allahs Hilfe versenkten die Unsrigen ein englisches Transportschiff, wobei die Besatzung unterging." Ganz so können wir uns nicht ausdrücken, weil eine Erinnerung daran, dass auch die Engländer Menschen und vielleicht Gotteskinder sind, bei uns nicht so völlig verschwindet wie beim Mohammedaner. Wir fühlen ohne viele Worte, dass auch die Gegner in ihren Todesnöten zu demselben Weltengott rufen, und dass dieser, mag man ihn sich so oder so denken, den englischen Einzelmenschen kaum anders gegenüberstehen wird als dem einzelnen Deutschen. Der Versuch, Gott für sich in Anspruch zu nehmen, wird von allen Seiten gemacht. Was ist nun Gott, der Welt- und Menschheitsleiter, mit dem der Glaube Zwiesprache hält? Ist er der große Neutrale? Als solcher steht er den Kämpfern unheimlich fern! Ist er der Vertrauensmann aller derer, die sich gegenseitig töten müssen, um siegen und leben zu können? Man befindet sich hier am Eingange einer sehr verzweigten dunklen Höhle, die voll steckt von Fragen, auf die man nicht antworten kann. Die Geister dieser Höhle sind aber durch den Krieg alle bis in die letzten Schlupfwinkel hinein aus ihrem Schlafe gerüttelt. Es ist Krieg auch im Halbdunkel der noch unfertigen Vorstellungen. Das ist Wachstumswetter für merkwürdige Innerlichkeiten, aber gefährlich für wohlgeordnete geistige Anpflanzungen.

Zu den innerlichen Erschütterungen gesellen sich aber bei vielen Soldaten zugleich äußerliche Eindrücke fremder Religionen. Die Selbstverständlichkeit des eigenen heimatlichen Gottesdienstes wird insofern etwas beeinträchtigt, als die geographischen Verschiedenheiten der Religionsformen in Litauen, Wolhynien, Serbien, Frankreich und Belgien den Söhnen niederdeutscher Dörfer anschaulich nahetreten. Das ist für die vielreifende gebildete Oberschicht nichts Neues, wohl aber für die schollenklebende ländliche Menge, diesen Untergrund der kirchlichen Treue. Lasst sie heimkehren, so werden sie mit befriedigtem Vergleichen ihre Heimatkirche schätzen, aber doch nicht mehr so unbedingt zu ihr allein gehören: die Welt ist weiter geworden! Damit vollzieht sich in etwas mehr der Ablösungsprozess von der alten Kirchlichkeit an sich und die Entstehung einer persönlichen Wahl, ob und was jeder selber glauben will und kann.

***

Wahrscheinlich wird nach diesem großem Krieg erst eine Zeit ziemlich chaotischer Äußerungen auf allen Gebieten erfolgen, ein geräuschvolles Wiedereinströmen in die alte Wohnung. Die Bevormundung der Pressezensur lockert sich und hört schließlich einmal auf, viele jetzt zurückgehaltene Äußerungen brechen gleichzeitig hervor. Diese erste Zeit muss ausgehalten werden, hat aber nach meinem Gefühl voraussichtlich nur eine geringe Bedeutung für die Gestaltung des inneren Lebens. Nach ihr erwarte ich eine Periode der geistigen Abmattung, deren Dauer ich nicht abzuschätzen wage, eine Zeit des neuen Einarbeitens, der Mühe und des Fleißes. Erst wenn diese Erschlaffung überwunden wird, dann fängt das eigentliche geistige Leben nach dem Kriege an. Rückwärtsblickend erscheint es mir, als sei der Krieg von 1870–71 erst im Jahre 1878 seelengeschichtlich merkbar geworden, indem sich von da an die Generation emporarbeitete, die von damals bis 1914 die deutsche Entwicklung führte. Man muss sich aber hüten, einfache Schlüsse aus den Vorgängen nach dem Deutsch-Französischen Kriege zu ziehen, da dieses Mal alles um so vieles größer, schwerer und gewagter ist und da eine Erschütterung des Seelenlebens vorliegt, wie nie zuvor. Es soll mich nicht verwundern, wenn wir zehn oder mehr Jahre brauchen, bis wir genauer wissen können, was der Krieg dem seelischen Leben unseres Volkes genommen oder hinzugefügt hat.

Dabei darf nun die Religion nie als etwas Einzelnes und für sich Existierendes angenommen werden. Wenn wir schon sonst in den Briefen und im Nachwort den allgemeinen Zusammenhang alles geistigen und kulturellen Daseins immer hervorgehoben haben, so ist das an dieser Stelle am allernotwendigsten. Ich lese allerlei Schriften und Synodalverhandlungen über die Aufgaben der Kirche beim Ausgange des Krieges oder über etwas Ähnliches und finde dabei meist, dass viel zu sehr von der Religionsgemeinschaft als einer von der Welt abgeschlossenen Sonderexistenz geredet wird. Die Religion ist, wie ich wiederhole, ein wertvoller und unentbehrlicher Zusatz zum Gesamtleben, aber für sich allein nicht das Leben selbst. Das will für unsere Frage besagen, dass ein etwaiger Übergang von materialistischer zu idealistischer Gesamtauffassung nicht von den Kanzeln aus gemacht werden kann, dass er aber, wenn er eintritt, auf den Kanzeln schnell erfasst und verständnisvoll begleitet werden muss.

Und wenn überhaupt irgendetwas als geistig-religiöse Kriegswirkung erwartet werden kann, so ist es ein Abstreifen der bloßen Nützlichkeitstheorie in der Weltgeschichte und damit auch in der Volkswirtschaft. Nachdem so viele Hunderttausende von Menschen tapfer und treu für Ziele gestorben sind, deren Verwirklichung im besten Falle weit hinter ihrem Tode liegt, und nachdem wir unsere Gegenwart und die nächsten Menschenalter finanziell unglaublich belastet haben, nur um großes Weltvolk bleiben zu können, wird der gewöhnliche materialistische Satz, dass die Gedanken des Menschen fast ganz von nahen materiellen Vorteilen der lebenden Klassen oder Gruppen geleitet werden, vorbei sein. Die Friedenstäuschung, als ob aller Wille nur Rechnungsergebnis sei, ist zerflossen. Man glaubt wieder an höhere Mächte im Sinne zwingender Hauptideen. Weder die Nationalitätsidee noch die Staatsidee lässt sich als bloße wirtschaftliche Entwicklungsform mehr auffassen, nachdem ganze Völker ihr materielles Wohlsein völlig aufs Spiel gesetzt haben, nur um die Freiheit geschichtlichen Wirkens zu erlangen oder zu verteidigen. Vor kurzem sprach ich mit einem Bulgaren über die Beweggründe seiner Kriegsbeteiligung. Er sagte: wir wissen, dass wir noch auf Jahrzehnte hinaus unseren Wirtschaftshaushalt belasten, aber wir müssen es tun, denn unsere Nationalität steht in Gefahr! Derartige Motive sind überall stark wirksam gewesen, vor allem auch in den breiten Schichten unseres Volkes. Von ihnen wird ein Eindruck bei der Jugend bleiben, die jetzt heranreift. Man kann mit solchen Gesinnungen nun zwar nicht hindern, dass es trotzdem reine praktische Materialisten gibt, aber sie werden sozusagen in die Hinterstube der öffentlichen Achtung versetzt. Es kommt eine Umwertung der Werte, und zwar eine solche, die mit der Religion etwas verwandt ist: trachtet am ersten nach dem Reiche Gottes und nach seiner Gerechtigkeit, so wird euch das andere alles auch zufallen!

Ein anderes Kriegsergebnis kann auf dem Gebiete des konfessionellen Friedens in Erscheinung treten. Es kann! Vorläufig sehen wir die offenbare Zurückhaltung, mit der beide großen Konfessionen sich dem Reformationsgedächtnis im Jahre 1917 nähern. Ob es wirklich ganz möglich sein wird, die beiderseitigen Konfessionseiferer in den notwendigen Schranken zu halten, wissen wir noch nicht, aber der Wille in dieser Richtung ist vorhanden, denn im harten Kriege und in den Lazaretten haben auch die konfessionellen Pflegekräfte und die Lazarettseelsorger sich rückhaltlos auf den Boden der Überkonfessionalität stellen müssen. Die Not lehrte gemeinsam beten. Auch der jüdische Mitkämpfer war ein Mitgenosse der gleichen Gefahr und der gleichen leiblichen und seelischen Pflege. Mag nun auch sofort nach dem Krieg in der ersten chaotischen Zeit der strömenden Stimmen neben Harmonischem vieles Unharmonische über Konfessionen und Rassen gesagt werden, so wird sich langsam als Kriegstatsache herausarbeiten, dass das fließende Blut des Weltkrieges keine Konfession hatte, sondern dass es Lebensblut einer gemeinsamen Hingabe war. Das aber bedeutet, dass der innere Gehalt aller Religionsformen sich auf Grund der Kriegserlebnisse noch mehr von den äußerlichen Organisationsschalen lostrennt und für sich als etwas beständig Neugeborenes zu atmen versucht. Die oben kurz beschriebene allgemeine Seelenbewegung wird sich nicht einfach zu den alten Lagerhäusern der gewesenen Bekenntnisse zurückfinden. Gott hat im Gewitter zu allen geredet, er war hundertfach im wirbelnden Sturm. Er war anders darin, als wir alle ihn dachten. So lasset uns neu werden, wenn wir ihn suchen!

Wie weit dabei die allgemeine Richtung des Christentums auf Schutz und Pflege der Schwachen eine neue besondere Art der Betätigung finden wird, können wir natürlich heute nur unvollkommen überschauen. Indem wir auf das zurückweisen, was von uns über die sozialen und die individualistischen Stücke im Glauben bereits ausgeführt wurde, nehmen wir ohne weiteres an, dass beide Bewegungen nebeneinander fortwirken werden, und zwar beide verstärkter und einseitiger. Das Sozialchristentum wird, wenn man die Sache kurz bezeichnen will, noch staatssozialistischer und das Individualchristentum nach pietistischer, staatsloser und anarchistischer auftreten. Dabei sind Sektenbildungen auch im deutschen Norden noch viel möglicher als vorher. Die Verlegung des Schwergewichts vom Dogma zur Praxis vollzieht sich voraussichtlich mit mächtigem Drange; dabei wächst die Gefahr, dass durch bloße praktische Einzelziele die innere Einheit der Religion als eines lebendigen Ganzen zurückgesetzt wird, so, dass die einen als Religion nur die Beschaffung des Weltfriedens oder die Überwindung des Alkohols oder die Bändigung der Prostitution oder die Bevölkerungsvermehrung oder irgendeine Gesundheitstheorie ansehen. Da der Krieg große Menschheitsplagen offenbart hat, so erscheinen wohl aus dem Krieg heraus praktische Propheten, die mit dem Mute, den sie draußen gewannen, nun drinnen für eine Säuberung der Sitte sich einsetzen. Manche Entschlüsse zu solchem Tun sind sicherlich schon jetzt in allerlei Kriegsnächten gefasst worden.

***

Alle großen Friedensschlüsse der europäischen Geschichte sind bisher auch Marksteine der Religionsgeschichte gewesen, da durch politische Abmachungen gleichzeitig die Verbreitungsgebiete der Religionen und Konfessionen festgesetzt wurden, und so wird voraussichtlich auch der Friede, dessen Anfänge wir heute noch nicht sehen, der aber eines Tages erscheinen muss, ein Stück religiöser Zukunft in sich tragen. Das hat der Papst gut begriffen und wird sicher und wohl mit Erfolg seine Teilnahme an den Friedensverhandlungen fordern. Es darf aber auch bei aller guten Absicht konfessionellen Friedens auch auf protestantischer Seite nicht verkannt und übersehen werden. Dabei wird ebenso die Heidenmission in Afrika wie die Abgrenzung der Staatskirchengebiete oder Einflusssphären in Europa in Betracht kommen.

Was die Heidenmission anlangt, so wird England versuchen, trotz des gemeinsamen Protestantismus der beiderseitigen Bevölkerungsmehrheiten unsere deutschen Missionen möglichst nicht in ihre alten verloren gegangenen Stationen zurückkehren zu lassen, weil in jedem Missionar gleichzeitig auch ein Nationalitätsvertreter erblickt wird. Indem wir politisch den Verlust unseres Kolonialbesitzes abzuwehren suchen, erhalten wir damit auch ein Betätigungsfeld für die opfervolle Missionsarbeit beider Konfessionen. Vielleicht lässt sich aber bei einem kolonialen Neuanfange das erreichen, was vor dem Kriege vergeblich versucht wurde, nämlich die Gebiete der verschiedenen Missionen schiedlich friedlich nebeneinanderzulegen. Es wird nach dem missionsstörenden Gesamteindruck, den der Krieg auf alle Afrikaner und Asiaten machen muss, doppelt wichtig sein, dass nun nicht sofort die inneren Zwistigkeiten der Konfessionen die Reste früherer Pflanzungen noch weiter schädigen. Auch wird im Frieden ausgemacht werden müssen, ob und unter welchen Bedingungen in den künftigen Weltwirtschaftsprovinzen die Gegenseitigkeit in der Duldung fremder Glaubensverkündiger gewährleistet wird. Sollte das nicht beachtet werden, so ist es denkbar, dass eine so alte und gesegnete Mission wie etwa die Leipziger lutherische Mission in Indien nach fast zwei Jahrhunderten ausgeschaltet wird. Jede gefundene Heimatreligion braucht zu ihrer eigenen Belebung einer ununterbrochenen Sorge für religiöses Neuland.

In Europa aber kann im Frieden die Grenze zwischen römisch-katholischem und orientalischem Christentum sich verschieben, und das Zukunftsverhalten des Heiligen Stuhles zur russischen Macht wird sehr anders aussehen, wenn Polen und Litauen etwa aufhören, von Petersburg aus regiert zu werden. Sobald das gesichert ist, erscheint die Ostgrenze Mitteleuropas zugleich als Religionsgrenze. Dann aber interessiert sich der Protestantismus skandinavischer und deutscher Art für die Lutheraner in den russischen Ostseeprovinzen und in Finnland. Auch die Deutschen in Russland kommen meist als schutzbedürftige Protestanten in Betracht. Was bei Russland bleibt, ist russisch-orthodoxem Druck überlassen. Das ist eine Folge des russischen Staatskirchentums, welches nach dem Kriege wenig gesonnen sein wird, westeuropäische Toleranzbegriffe bei sich zuzulassen.

Über diesen Gebietsfragen aber, zu denen auch der künftige Kirchenanschluss Bulgariens und Serbiens gehören kann, steht noch der Gesamteindruck, den durch diesen Krieg das europäische Christentum auf die Nichtchristen in Indien, Ostasien und auch in den mohammedanischen Ländern macht. Wir haben das Geschichtsgefühl, als sei für lange Zeit etwas verloren gegangen, was bisher nie ungebrochen existierte, aber doch vorhanden war, nämlich das Übergewicht der abendländischen Christentumsformen über alle anderen Menschheitsreligionen. Der Christenkrieg wird mit allen seinen unglaublichen Härten von allen fernen Menschenvölkern mit Spannung verfolgt und in den Jahren nach dem Kriege noch mehr als Zerreißung einer ideellen Gemeinschaft begriffen. Darunter leidet der Protestantismus mehr als der Katholizismus, da der Protestantismus eine germanisch-angelsächsische Erscheinung ist. Wer also auch durch die Kriegserschütterungen hindurch sich sein Glaubenserbe gerettet hat, muss doch eine Einbuße an der geschichtlichen Bedeutung seiner Religion in Rechnung setzen. Das ist in der Weltgeschichte schon öfter vorgekommen, aber wohl noch nie in einem so gewaltigen Umfange. Angesichts der ganzen Menschheit ist die Trennung der protestantischen Hauptländer, aus politisch-wirtschaftlichen Gründen erfolgt, ein schwerer Beweis dafür, dass die Religionen für sich allein nicht die Gesinnungen der Menschen lenken.

**

Und doch, – und dennoch ist unendlich viel wahres Christentum im Krieg. Man kann es auch Menschlichkeit nennen, nur darf man dabei nicht vergessen, dass die vorchristliche und außerchristliche Welt ihre Kriege anders führte, als wir es tun. Selbst noch jetzt ist es etwas anderes, in die Hände von Unchristen oder fernen Halbchristen zu fallen, als von christlichen Nationen verwundet gefangen zu werden. Es ist zwar wahr, dass unsere abendländischen christlichen Völker eine erschreckende Technik der Menschenvernichtung besitzen und täglich weiterbilden, aber das Töten an sich ist nicht ihr Zweck, sondern nur eine unvermeidliche Begleiterscheinung des letzten, ernsthaften Kampfes um Macht, Recht und Zukunft. Ich sprach bald da, halb dort einfache Soldaten: sie sind tapfer, aber nicht blutgierig! Ich sprach mit Offizieren: sie achten ihre Gegner. Manchmal erscheint verstohlen und scheu etwas, was an das Wort Jesu erinnert: liebet eure Feinde. Man kann sie nicht schonen und erwartet keine Schonung, solange der Kriegszweck es verbietet, aber eigentlicher unversöhnlicher Hass entsteht nur in Ausnahmefällen nach Verrat oder Niedertracht. Fast möchte ich vom moralisch geläuteten Kriege sprechen, wohl wissend, dass Krieg ein wildes Tier bleibt. Im losgebundenen Kampfe ums Dasein klingt etwas von den Harfen der Ewigkeit, von der über allen Kamp hinaus unauslöschlichen Menschlichkeit. Wie merkwürdig Härte und Weichheit jetzt gemischt sind, werden vielleicht andere Geschlechter kaum dem unsrigen nachempfinden können.

Eine große Hilfs- und Liebesarbeit geleitet die Kämpfenden. An ihr beteiligen sich Protestanten, Katholiken und Juden, und es stehen oft atheistische Samariterinnen neben frommen Schwestern in demselben aufreibenden treuen Lazarettdienst. So sehr ist das Christliche bereits in kurzen Jahrzehnten zur Pflicht und Sitte geworden, dass man sich kaum noch der Zeit erinnert, wo nur einige wenige tapfere Diakonissinnen und Schwestern sich mit zu den Verwundeten wagten. Hier wie auf anderen Gebieten der Liebesarbeit waren die Gläubigen die

Wegbereiter allgemeiner menschlicher Dienste. Noch im Jahre 1870 war Wichern, der Vater der inneren Mission, eine besondere Erscheinung im Feldlager.

Wird man die Hilfsdienste der Schweizer und Holländer ohne den christlichen Untergrund dieser Nationen verstehen können?

– Und wieviel notwendige Liebesarbeit bleibt nach dem Kriege zu tun übrig! Wir haben dann viel mehr Invaliden, Witwen und Waisen als jemals zuvor, aber schon jetzt trauen wir es unserem Volke zu, dass es für die vielen besser sorgen wird, als früher für die Wenigeren gesorgt wurde. Die guten Geister der alten Propheten der Liebe, wie Joh. Falk in Weimar, Baron Kottwitz in Berlin, Amalie Sieveking in Hamburg, werden vervielfältigt nach hundert Jahren wieder unter uns erwachen. Es gibt in aller Geschäftigkeit noch viel stilles, gutes Helfen um Gottes willen, ohne Ruhen, ohne anderen Lohn, als sich zu Balsam der Leidenden gemacht zu haben.

Siehst du nicht, wie Jesus, der Überirdische, der Geglaubte, neben der Lampe der Wächterin steht?

***

Und damit sei es nun genug! Ich will nicht alles sagen, was etwa gesagt werden könnte. Meine Briefe über Religion waren von Anfang an kein Lehrbuch, sondern ein Bekenntnis, ein vertrauliches Aussprechen über das, was mich selber als Religion in friedlichen und in sturmbedrängten Zeiten bewegt hat. Wem es nicht tief genug ist, der mag getrost seinen größeren inneren Reichtum als Brot des Lebens brechen. Jeder soll dienen mit der Gabe, die ihm gegeben ist!

Ich lege dieses Büchlein non neuem nieder an den Gräbern derer, die mir Vorbilder im Glauben gewesen sind. Als es zuerst in die Welt ging, lebte meine Mutter noch und hat in ihrer klugen, feinen Frömmigkeit diese Briefe gelesen, nicht als ihren eigenen Glauben, denn der war strenger biblisch und viel weniger von Wissenschafts- und Weltfragen durchsetzt, aber als Glauben ihres Sohnes, der seine alte Heimat nicht verloren hatte, als er in die weite harte Welt des Denkens und Ringens hineinging. Jetzt schläft auch sie allein unter grünen Bäumen am Berghang im Gebirge, und Enkel von ihr erleben den Krieg, und einer liegt draußen nicht weit von der belgischen Küste. So hat es viele treue fromme Mütter gegeben, ich aber gedenke an dieser Stelle der meinigen und rede im Geiste mit ihr, als könnte ich ihr auch diese Blätter noch geben und ihr nochmals danken für das Beste, was Mütter ihren Söhnen hinterlassen können. Das ist eine Gabe des innerlichen Erlebens, das Beste, das man auf der Erde findet, mag das Leben sonst sein, wie es will.

N.